新装版

中村天風 運命を拓く 65の言葉

NAKAMURA Tempu

清水榮一
SHIMIZU Eiichi

ロング新書

目次

人生の波の乗り越え方を教えてくれる天風先生

何事も心ひとつの置きどころだ

「幸せと言うのはね、自分が幸せと思わなきゃあ、幸せは来ないんだよ」

心身統一による生命の人生哲学を説く中村天風先生（一八七六―一九六八）は、厳しいながらも、目に優しい表情を見せて、よくこう言ったものだ。

かつて日露戦争の立て役者、海軍元帥東郷平八郎（一八四七―一九二四）は、中村天風先生を尊敬し、人生の師と仰ぎ、書簡により「哲人」という賛辞を送った。

天風先生の生まれる九年前の慶応三年（一八六七）、徳川幕府による大政奉還が行われ、時代は明治の時代へと流れていった。そのとき、幕末と明治の政治家であり、無刀流の創始者である山岡鉄舟（一八三六―一八八八）は、幕臣として勝海舟と共に、幕府のために大いなる貢献をした。

しかし幕府を朝敵として攻め、天下を治めた薩摩、長州、土佐を中心とする明治新政府の時代になったとき、山岡鉄舟はその才能を見込まれて重用され、遂には、明治天皇の侍従とまでなった。

ある人が、かつては相対立した二つの政権に仕えた山岡にその心境を尋ねたところ、彼はひょう然として言いきった。

「晴れてよし曇りてもよし不二の山　元の姿は変わらざらまし」

山岡鉄舟の頭の中には、幕府も勤皇も超えて、世界の近代化の波を乗り越えていくべき、新生〝日本〟の姿しかなかった。

天風先生は、弟子たちによくこの山岡鉄舟の話をして聞かせた。そして「色々あるのが人生だ。よいか、何事も心ひとつの置きどころだ」と言った。

山岡鉄舟と勝海舟は、一八六八年旧幕府側と新政府側が戦った戊辰《ぼしん》戦争のとき、江戸攻めをやめさせる会談で、共に西郷隆盛（一八二七―一八七七）と会っている。

当時、一九世紀後半は、欧米帝国主義がアジアに進出して虎視眈々《こしたんたん》と日本を狙っていた。世界の波が打ち寄せて日本国全体が揺さぶられようとする中で、これら明治の志士たちは立場をこえ、「心ひとつの置きどころ」で日本を救った。

国家の一大事も人生の一大事も、変化の中では、それを拒否するよりは、心ひとつの置きどころで、それを受け容れ乗り越えていく見識と勇気が大事となる。

この西郷隆盛（南州）を終生の師と慕い、勝海舟、山岡鉄舟、さらに槍術の名人高橋泥舟を加えた「幕末の三舟」を讃えて、それを著書にしたためた人こそ、頭山　満《とうやまみつる》翁《おう》（一八五五―一九四四）。すなわち、のちに大アジア主義者と謳われた国士であり、中村天風の生涯の師となった人物である。

「人生に苦しんでいる人を助けてあげなさい」

中村天風、本名は三郎。佐賀柳川藩の出身で、大蔵省造幣局抄紙部長を父にもつ少年中村三郎は、ふとした縁により、親族の男爵前田正名氏の紹介で、頭山満にその身柄を預けられた。中村三郎、一六歳の時である。

三郎はのちに、柳川藩に伝わる居合術随変流《ずいへんりゅう》の極意技〝天《あま》つ風《かぜ》〟を頭山満に披露した。その華麗なる必殺技の見事さに、頭山満は感嘆の声を惜しまなかった。そして極意技にちなんで、三郎に「天風」の称号を贈った。中村三郎から、新しい中村天風への誕生となった。

頭山満の意向を受けて、日清、日露の戦争前後には、中国大陸に渡り、軍事密使として、生命を賭けて国のために奔走した。戦いすんで帰国した直後、彼は大量の喀血をした。否応なくギャロップ性肺結核という不治の病に冒されていたことを知った。

「なぜ、どうして自分が……」との絶望の思いにのたうち回り、心の救いを求めた。古今東西の哲学書、宗教書を読み漁った。遂には、アメリカ、イギリス、ドイツ、フランスにまで足をのばして心の彷徨を続けた。

いよいよ死期を知ったとき、ヨガの聖人カリアッパ師との奇跡の出会いを得て、ヨガの里に入った。厳しい修行の末、九死に一生を得て、日本に帰国したのである。

カリアッパ師は、すっかり元気になった中村天風を、インドのカルカッタまで見送った。別れるときカリアッパ師は言った。

「いいか、ナカムラ。世の中にはお前と同じような病気になったり悲運に襲われたりして、人生に苦しんでいるものが大勢いる。日本に帰ったら、生き返ったお前の働きで、そういう人たちを助けてあげなさい」と。

雨の中の辻説法

一切の執着心を捨てて、中村天風は、妻の作った腰弁当をもって、午前中は上野公園、午後は芝公園にて、辻説法を始めた。「人間は本来、健康で幸福であるべきだ」、「人生とは何か」、「人はいかに生きるべきか」心身統一による生命の哲学を説き、真人生の生き方を示そうとした。

ようやく辻説法に耳を傾ける人が、増えてきた。ある日、辻説法の最中に雨が降ってきた。ポツリポツリ。せっかく集まった人たちが、一人去り二人去り、遂に一人だけが残って、中村天風の話を聞いていた。雨は本降りとなった。

その老人は、用意していた傘をさしてまだ立って聞いていた。夢中にしゃべっていた天風は、ズブ濡《ぬ》れになった自分に気づき、話をやめた。先程から気になっていたその老人は、まだ立っていた。天風は、申し訳ない気持ちで一杯になりその老人の前に駆け寄った。

傘の下から顔が見えた。「おおぅ、先生！」、頭山満翁が立っていた。あとは声が出なかった。頭山満翁はうなずきながら静かに言った。「今日から、わたしがお主《ぬし》の弟子になろう――」

その後、当時の総理大臣原敬、東郷平八郎元帥を始め、東宮御学問所御用掛をしていた教育家、思想家の杉浦重剛など、政界、財界、そして陸海軍人、芸術家など多くの指導者たちが、天風先生の許に集まり、その薫陶を受けた。

一九四四年一二月、大東亜戦争の末期。かつて戦争回避のために動いた頭山満翁は、日本の行方を案じつつ、病のため息をひきとった。その八カ月後、日本はポツダム宣言を受諾し戦争は終った。

「人間はね。本来、健康で幸福に生きられるように作られているのだよ」

戦後まもなく、中村天風先生の直接ご指導による修練会が、関西の吹田にある鉄道員の寮で行われた。ヤカンに入った水とコッペパンの合宿だった。従兄弟たち三人に誘われて、何かわからないまま私も参加した。戦争も終わり、軍事教練もなくなったというのに、毎日厳しい修練が続いた。

「神韻縹渺《しんいんひょうびょう》たるこの大宇宙の精気の中には……」早朝の天風先生の凛として響く声が、厳粛な朝礼の空気の中で、私の中の身も心も引きしめてくれた。そのとき全身で聞いた天風先生の声が、私の中の細胞に響きわたり、その余韻は、私自身の成長と共に浸透し、いまも私の中に息づいている。

しかしあの時、私を誘ってくれた従兄弟たちは、天風先生のことをすっかり忘れていた。同じ縁を持ちながら、大きな違いと言わざるを得ない。

縁は、偶然の形をとって突然現れたりするが、要はそれを育てるか、捨て去るか、育てるべきものか、捨てるべきものか、その時の心の置きどころによって大きく変わっていくものだ。

人はだれもが幸せを求めている。しかし人間は生きている限り、病気と煩悶と貧乏の戦いから免れないのが現状だ。いくらお金があっても、病気や煩悶から逃れられない。いかにしてこれらの不幸から解脱するか。

何もかもうまくいく時もあれば、うまくいかない時もある。人生には波がある。その波に呑まれるかその波を泳ぎきるか。天風先生は、自分自身の生きざまを通して、その波の乗り越え方を教えた。「人間はね、本来、健康で幸福に生きられるように作られているのだよ」

戦前戦後を通して四九年間、人間の尊厳に目覚めて、人生の理想を現実化する道を説き導き続けた。一枚の色紙に、開示悟入の菊の花一輪を残して、一九六八年一二月、その生涯を閉じられた。

「感謝すべきものが無いと嘆く前に、まず自分の回りの、感謝すべきものに気付くようにしなさい」と天風先生は言われた。

幸せを呼ぶのは、まず感謝の気持をもつことから始まるのだ。不運に生まれついても幸せに生きている人がいる。また幸運に生まれついても不幸せな人もいる。

心ひとつの置きどころである。せっかく、一回限りの人生を、幸せに創らなければ嘘ではないか。さあ、あなた自身の力で〝幸せ〟を呼び込もう。

1章

自分が運命の主役なのだ

野良犬の足を切って、まだ血のついたナイフで、腕を切られた。不衛生で湿度の高い環境の中で、天風先生は破傷風になると思った。数日後、カリアッパ師が来た。「おい、犬はすでに治っておるのに、お前は治るどころか破傷風になったではないか。なぜだ」「なるのは当然です」「やはり、お前の思う通りになったではないか。よいか、人間は、心に思った通りになるものだよ」

良くも悪くも、自分自身の心の中の思いや考え方が、自分自身をつくり上げる。

夜明けと共に、山あいの霧がゆっくりと上がっていった。おそい朝日の温もりがようやく感じられ始めたころ、マヤム川の囁《ささや》きが、今日ははっきりと聞こえる。

聖人カリアッパ師から、頭の中を空っぽにしろといわれてもう五日は過ぎた。「私は空っぽになるのだ」と朝、昼、晩と自分に言いきかせた。もう大分、頭の中が空っぽになったようだ。そのせいか、今日は、妙に気分がいい。

今日こそカリアッパ師に、病気の治し方を教わろう。聖人といわれる人だから、彼は今日の私をみれば、私がどれだけ空っぽになったかがわかるはずだ。早く私の病気を治してもらわないと、間に合わなくなる。

中村（天風）は、カリアッパ師と会うのが楽しみだった。

ようやく、朝のお勤めにカリアッパ師は、姿を見せた。カリアッパ師は、いつものように、ひとりひとりと挨拶をしながらやって来た。中村は、皆に混じって神妙に待機した。そのときカリアッパ師は、中村に一瞥《いちべつ》しただけで通り過ぎようとした。「カ、カリアッパ先生！」思わず声に出した。ギョロリとした目をむいて、カリアッパ師は振り向いた。

「先生、私はもう頭の中は空っぽになっています」。なぜか情けない気持ちがして、哀願するように言った。カリアッパ師は、じいっと中村を見つめたままだった。沈黙が二人の間を走った。

「本当か…」、ようやくカリアッパ師は声をかけた。

「ハイ、あれから毎日、頭の中を空っぽにしようと努力しました。もう大丈夫です。私はもう教わる準備が出来ております」。

早く教えてくれないと、私の病状はますます悪くなって間に合わなくなるという気持ちがあった。今さら、このままではもう日本にも帰れない。切羽詰まった状況だった。

その時、二人の間に、野良犬が一匹横切った。「おい、その犬を連れてこい」。すかさず、カリアッパ師は、弟子たちに命じた。犬は抱えられて戻ってきた。何事かと犬はおびえていた。

中村の目の前で、カリアッパ師は、その犬を抱きかかえ、片手で腰の小刀を抜くや、さっと足を切った。「キャンッ」。悲鳴と共に血が飛び散った。犬は必死に飛びおりて、素早く逃げて行った。

「おい、中村ッ」と言うや否や、カリアッパ師は、中村の腕を取って、同じ小刀で、グサッと切りつけた。「何をなさるんですかッ」、思わず中村は叫んだ。

見れば、先程の野良犬の血のついたままの小刀だ。緊張感が走った。

怒り心頭をようやく抑えて、中村はつくづく思った。ここは亜熱帯性の気候だ。山深い谷間の、湿気の多い小さな村だ。どうみても衛生的には最悪の状態だ。薬も消毒薬も包帯もない。おまけに野良犬の血のついた小刀で切られた。下手をすると、間違いなく、感染症になるだろう。条件が揃いすぎている。状態は深刻になった——。
「どっちが早く治るか、競争だな」。無責任なことを言って、カリアッパ師は立ち去った。

もう怒る気力もない。ふてくされて横になった。感染症になったらどうしよう。私は医者だからよく知っている。こんな所で、予防も治療も出来ない。そういえば、ズキズキと痛む。痛み方が尋常ではない。こんな所で感染症で死にたくない。

翌日、高熱が出た。もうカリアッパ師と会う気もしない。熱は上がったり下がったりした。感染症とか敗血症とかの文字が頭から離れなかった。

二日経った。高熱が続いた。腕はすでに化膿している。全身に寒気を感じた。時々痙攣《けいれん》のようになる。やはり間違いなく感染症だ。腕はもう上がらなかった。ひと晩中、うなってたようだ。肺結核で死ぬとばかり思っていたのに、こんなわけのわからぬ所で、なすすべもなく感染症なんかで死んでしまうのか。ひとりぼっち。孤独だが、もうどうにでもなれという気持ちになった。

「おい、どうした?」朝、カリアッパ師がやって来た。すっかり弱気になって、中村は、起き上がった。「やはり、感染症にかかってしまいました」。だから言わんこっちゃないと、中村は恨めしくカリアッパ師を見上げた。

事情を察したカリアッパ師はゆっくりと中村の腕をとった。

「ほう、かなりひどいじゃないか」。

感心してる場合じゃない、しかし抗議する元気もない。

「おい、この間の野良犬を掴まえて来てくれ」。カリアッパ師は、弟子たちに命じた。

もう野良犬なんか見たくもない。中村はただうずくまったままでいた。

どこでどう見つけたのか、弟子たちはこの間の犬を掴まえてきた。「よし、よし」

そういって、カリアッパ師は、その犬を大切そうに、しっかりと抱きかかえた。

「おい、中村。この犬の足を見ろ。すっかり治っているぞ」。「ハイ」。「ふむ、よく見たか、治ってるだろう」。「ハイ、確かに治っています」。「そうだ。しかしお前はどうだ?」、「――」。

カリアッパ師は、犬を離して、再び中村の腕をとった。「随分、腫《は》れたものだ」。いい加減にしてくれと中村は思った。

「中村、お前に聞くが、なぜ犬は治ったのに、お前は治らないんだ？」

「あちらは、犬ですから」。冗談じゃない。犬と一緒にされてたまるかと思った。

「ほう、あちらは犬だから治ったのか、じゃお前は何だ？」、「人間ですよ」、吐き捨てるように言った。

「それじゃ聞くが、犬と人間と、どっちが上等に出来ているんだ？」、「もちろん、人間です」、くだらん事を聞くと思った。

「そうか、ではもう一度聞くが、下等な犬が治って、上等な人間がなぜ治らない？かえって悪くなっているではないか？」、「……」、

「さあ、どうだ？」、返事に困った。

「中村、あらためて聞くが、お前の職業は何かね？」、「ハイ。医学博士ということになっています」、「医学博士？　それはどういうことをする職業なのだ？」、「ハイ、人の病気を治したりします」、「ほう、病気を治すのか。それならあの犬は医学博士なのかね？」、「いえ」、とんでもないと、中村は首を振った。

「では聞くが、医学博士でない犬が治って、医学博士のお前が治らないで、かえって悪くなっているのはどういうわけかね？」、「――」。

中村は言葉に窮してだんだん小さくなった。

しばらくカリアッパ師は、中村の顔を見つめていた。憐れむように優しくカリアッパ師は語り出した。

「なあ、いいかい。この前、あの犬が足を切られたとき、犬はどうした？　切られた箇所をひたすら舐《な》めながら、必死に逃げて行ったろう。理屈抜きに、傷口を舐めて舐めて、治ることを信じてただ舐め続けておった。ところが、お前はどうだ？　何を考えていた？　私が代りに言ってやろうか？」、
中村は妙に素直な気持ちになった。

「いいかい、お前は咄嗟《とっさ》に考えただろう。こんな野良犬の血のついたままの小刀で切られた。あいにくここは亜熱帯性気候だ。湿度も高く、おまけに不衛生な環境だ。消毒も薬も包帯もない。これでは、傷口から細菌が入って、外毒素のために中枢神経がおかされる。間違いなく感染症にかかると思ったろう！」。

「ハイ」、思わずうなずいた。しばらくおいてもう一度、「ハイ、その通りです」といって神妙に頭を下げた。

「そうだろう、いいかい？　お前が思ったその通りになったのだ」。それから静かに言葉を続けた。

「人間はね、自分の思った通りになるものなのだ」。中村は、初めて心に染《し》み通る言葉を聞いた。このときが、哲人中村天風の誕生だといえよう。

良くも悪くも、自分の心の思いが、自分自身をつくり、自分の運命も、自分の人生をもつくりあげていくのだ。

生きている限り死んでない、死んでない限り生きている。それなら寿命のある限り、勢いよく、生きて生きて生き抜かなくちゃ。

とにかく生きているのだ。この世に生きている。これは事実であり現実だ。この世に生まれ出るということは、自分の意志で出来るものではない。

父母より生を受けたというが、父母の前は、ひとりの男性がいてひとりの女性がいた。この地球上の数十億の人間の中のひとりひとりだ。

その男性と女性が、それぞれの場所で生まれて、それぞれの両親に育てられ成長した。乳幼児から少年少女時代を経て、父や母に育てられ、やがて青春時代を迎えて、男性と女性はある時ある場所ある状況の中で出会った。

これは奇跡だ。そして縁があって夫婦となった。これも奇跡だ。二人は愛し結ばれ、かつて少女だった妙齢の婦人は身ごもって母となった。これも奇跡だ。

二八日周期で訪れる、ある日ある時の決定的瞬間に、二億とも三億ともいわれる精子の中の一つが、壮絶きわまる生存競争の果てに、卵子と出会い結ばれる。

選ばれし勝利の一瞬だ。このとき卵子は、戦い疲れて辿り着いた勇者の精子を、抱くように迎え入れて優しく静かにしっかりと新しい生命への活動を始める。

生命の何という荘厳なるイニシエーション（儀式）だろうか。

偶然が偶然を呼び、その偶然が奇跡を生み、その奇跡が新しい奇跡を起こす。

果してそれを偶然というべきか奇跡というべきか。

いまここに自分が生きているという事実から見れば、どのひとつをとっても、すべて自分が今日あることへの絆に結ばれた必然そのものではないか。

約二八〇日の間、母の体内に胎児として温められ育てられていく。

生物の形成科学によれば、胎児は、魚類、両生類、は虫類、ほ乳類、霊長類という人類の系統発生過程の全てを母の体内で体験するという。

やがて月満ちて、胎児は、狭い産道を通って母子共に命がけの通過儀式を体験する。生みの苦しみだ。最後に手を合わせ、頭を下げて、敬虔な姿を見せて、胎児は赤ちゃんとしてこの世に生まれ出るのだ。その瞬間、初めて地球の大気を吸う。「おぎゃあーッ」と叫ぶ。赤ちゃんの雄叫《おたけ》びだ。

そして人間として初めて、母の微笑みと眼差しを全身に受ける。家族としての実感。この崇高なる出会いの時から、ひとつの人格をもった新しい人生が出発する。それがあなたなのだ。

稲は一粒から六六〇粒の米が出来るという。恐らく地上最大の生産性を誇るものだ。しかし人間は、ひとつの細胞からおよそ六〇兆の細胞をもった人間になる。

自然は、ひとりの人間をこの地球上に出現させるのに、いろいろと偶然や奇跡の形をとりながら、実は必然の叡智の働きをもって、大変な手続きとコストをかけている。こうしてひとりの人間が、この地球上に誕生する仕組みの見事さに言葉を失うばかりだ。因縁果の法則に貫かれた寸分の隙もない叡智の働きに、私達はただ「何事のおはしますかはしらねども、忝《かたじけ》なさに涙こぼるる」と言うしかない。

いまここに生きて存在している「自分」というものが、目には見えない大きな力に支えられ、育てられ、生かされている掛け替えのない存在だということを、感ぜずにはおれない。

その存在は、私であり、あなたであり、彼であり彼女であり、ひとりひとりがそうなのだ。

生命が尊いということは、そういうことなのだ。

ユダヤの教えに次のような言葉がある。「神は、その人間にとって必要なものすべてを準備し与えてこの世に生まれしめた。しかし人間の欲望があまりに大きすぎて、神といえども手の施しようがない」と。

神を自然という言葉に置きかえてもいい。その神が、自分に必要とし準備し与えてくれたものこそ、自分にとっては多すぎもせず少なすぎもせず、余分でもなく不足でもなく、そのまま自分にふさわしい資産ではないか。

むしろ恵みと考えよう。その埋もれた恵みを一生かかって掘り出し磨き上げ、一〇〇パーセント活かしきって生き抜くことが、人間として活かされ生きている使命ではないか。

その恵みの能力をもって、「強く正しく清く尊く」生きることだ。

哲人中村天風は、それを絶対積極の生き方と言った。

尊く生きるとは、他人の喜びをわが喜びとする生き方だ。そこに人間の尊厳がある。使命の完遂とは、人の世に役立つ自己の完成を目指すことだ。

活かされてあるこの生命を、人間の尊厳をもって活き活きと勇ましく生きて生きて生き抜くのだ。

寿命のある限り、ハツラツサッソウ、輝いて生きよう。

「人生に二ページはない」。

思い通りの成功を実現したいのなら、まず第一に自分自身の〝生命力〟を充実させることだ。

成功する人の共通点は、その心の態度がだれよりも積極的だということだ。積極的というのは、天風先生によれば、その心の態度が強く、正しく、清く、尊くということだ。

強くとは、志を貫こうとする信念と活き活きとした勇気をもって行動することであり、正しくとは、人として踏み行うべき正しい道を行くことであり、清くとは、心が公明正大であること。

尊くとは人の喜びをわが喜びとすること。

その上で「己《おのれ》を省みて疚《やま》しからずんば、千万人と雖《いえど》も吾行かん」の気概《きがい》を持って生きることである。そういう人は、自ずから輝きを持っているものだ。

宝塚の舞台で、フィナーレになると全員が揃ってラインダンスを踊ることがある。それを右から左へ、或いは左から右へずぃーっと見ていくと、一糸乱れず踊っている中で、ひときわ輝く人が一人か二人はいるものだ。そういう人がやがて抜擢されて主役をやるようになる。

その輝きは何か。よく人は「花がある」とか、「花のある人」という。その花は美しさを共に盛りの勢いを感じさせるのだ。別の言葉でいえば、その人が放つオーラの光りであり、生命力のもつエネルギーの輝きであろう。

生命力は、天風先生によれば、体力、胆力、精力、能力、判断力、決断力の六つの力をいう。

このうち体力、胆力、精力は身体に関わるものであり、能力、判断力、決断力は精神、心に関わるものである。

この六つの要素が充分に機能し、全体としてまとまったとき、六つの要素で構成される生命力は最大となる。

それには心身を一如としたライフスタイルの実践確立が大事である。

心の奴隷になるな。心の主人となれ。心を師とするのではなく、心の師となれ。

心って言うのは、ころころと変わるからこころというのだそうだ。「心の赴《おもむ》くままに――」という歌があるけれど、本当にこころのままに任せておけば、心は貪欲に色んなところへ飛んでいくのだ。

一人の人間が、心のあり方で天使にもなり悪魔にもなるということは、自分が一番よく知っているはず。

心の扱い方を誤ると心に振り回されてしまう。まことに「心こそ、心迷わす心なれ心に心し　心ゆるすな」という歌の通りである。

心の扱い方で有名なシルバメソッド（ＳＭＣ）の創始者ホセ・シルバ博士は、多年の研究の結果、「天才と普通の人との違いは、天才がその心をよりうまく使う点にある」と言っている。

別の言葉で言えば、自制と自助だ。そしてこのことに気がつけば、人はだれでも天才と同じように、自分の心をうまくコントロールし、心の奴隷ではなく、心の主人として、自分の心を自分のより良き人生のために使うことができるのだといえよう。

思考は人生を創る。積極か消極かというだけで、人生の幸福の宝庫が開かれるかどうかが、決まってしまう。

飢えた二人の旅人が、村外れの夜道を歩いていた。偶然、教会を見つけた。二人は小躍《こおど》りして教会の門を叩いた。「朝から何も食べていないのでパンを分けて下さい」と懇願した。

牧師は気の毒そうな顔をして言った。「たった今、私は食事を終えたばかりです。

そして、最後のパンを食べてしまいました。貧乏な教会ですから、ろくに蓄えもありません」。

旅人はがっかりした。その姿をみて牧師は「念のために探してみましょう」といって、やっとひとつのパンを見つけてきた。旅人たちはそれをもらって、半分ずつに分けた。

一人は言った。「チェッ、半分しかねえのか！」

もう一人が言った。「よかったあ、半分もくれたじゃないか」。

どちらが幸せだろうか。

調子のよい時はだれもが積極的になる。調子の悪い時が問題なのだ。ついマイナスへマイナスへと行ってしまう。

危機に直面したら、「どうしよう？」という前に、まず「大丈夫だ」と口に出して言ってみよう。不思議に気持がすわってくるものだ。

心が積極的に動いたとき、妙案が次々と浮かんでくるから不思議だ。ただし、積極的というのは、強引に意地をはり通したり、無理矢理に突き進んだり、他人のことを構わず勝手気ままにあつかましく押し通すことではない。

天風先生は、そういう人を、手のつけようのない楽天主義者だと呼んでいる。

積極的肯定的か、消極的否定的か。

自分がどう思考するか、いいかえれば自分の心の持ち方いかんで、自分の運命も、人生も変わっていくのである。

心の態度が積極的になると、心の力が不可能を可能にしてくれる。

童話作家シルヴァスタインに『ビッグ・オーとの出会い』㈱廣済堂出版）という本がある。私流に紹介しよう。

僕は、皆と違って全く不格好で中途半端な姿をしています。どうみてもまともとはいえません。

僕は二等辺三角形のような形をして、ペタンと地面に横たわっています。そうだ、僕は何かのカケラなんだと思いました。カケラだとしたら、僕の元は、僕が欠けたことで困っているかもしれない。僕もこのままだと動きようもない。だって角ばって地面に横たわったままなので、移動するのに転がることも出来ない。

さっきから見ていると、色々な形をしたものが道を行きます。僕は勇気を出して、そのひとつひとつに聞いてみました。

「もしもし、あなたはどこか欠けていませんか。もしかしたら私は、あなたのカケラかもしれません」

声をかけられた方は、「私は何ひとつ欠けていませんッ」と、怒ったような声を上げて去っていきました。来るもの来るものみんな怒ったり無関心を装って去っていきました。

僕は、なんで僕だけがこうなんだと悲しくなりました。孤独でひとりぼっちで情なくてみじめでした。

その時、まんまるくてひときわ賢そうなのが軽快にころがりながらやってきました。

も一度元気を出して聞いてみました。

「僕はあなたのカケラかもしれません」。

「――いや、私はどこも欠けてはいないよ」

「そうですか…」

「どうしてそういうことを聞くの」

「だって私はこんな形ですから、動くことも出来ません」

「動けばいいじゃないか」

「動けません」

「なぜ？　動かしたことあるの？」　僕はハッとしました。

「動けないんじゃなくて、動かしてごらん。きっと動けるサ」。そう言って去ってしまいました。

　僕はまたひとりぼっちになりました。しかし片方に動いてみようと思いました。ヨイショ、ヨイショ。何とかがんばって体を持ち上げましたが、力尽きてバタンと元の位置に倒れてしまいました。

「あ痛ッ‼」。も一度試みました。やはり「バタンッ」、「痛ッ」をくり返しました。

何度かやっているうちに、コロンと反対側にひっくり返りました。「あれッ?! 動いた」。僕はびっくりしました。

一度出来たのだからもう一度とがんばってみました。ヨイショヨイショ。歯を喰いしばってもう少しもう少し。コロンとまた反対側に転びました。

二歩前進しました。僕は信じられないと思いました。嬉しくなって、何度もくり返しました。だんだん調子が出たので、この調子この調子と思って、この調子に乗って続けました。そのうちだんだん角がとれてきました。二等辺三角形の角がとれて、だんだん丸くなりました。

やがてクルクルどこへでも自在に動き回ることができました。

「ダメです。ムリです。デキません」は、自分の心がそう思っているだけだ。心が積極的、肯定的であれば、その心に力強い無限のエネルギーがどんどん注ぎこまれて、自分の考えている以上に心の力が湧き出るように強くなっていくものなのだ。

いいね。〝心の壁〟を作らないこと。

運命は、自分の命を自分が運ぶこと。だからあくまでも自分が運命の主人なのだ。

天命は、天によって定められた人の命の枠組み。

宿命は、生まれる前からの先祖たちによって託された命の宿題。この宿題をクリアーするために、先祖たちは色々な能力を与えてくれている。

運命は、自分の命を運ぶための命の仕組みを自分が作ること。

さらにいえば、運命は現在の自分自身の命と共に、託された宿命の課題をクリアする行為も含めて、自分の命を運ぶことである。

寿命は、生命が肉体に宿して存在し活動するために天が定めた時間の長さ。

使命は、それだけ備わった人間としての自分自身を自覚して、宇宙真理である「進化と向上」に生涯かけて尽くし遂行し成就することをいう。

天命は安んずることである。天に唾しても始まらない。

広義の運命には、宿命と運命（狭義）がある。宿命は、先祖によって託された課題をクリアーすることだ。先祖の中には、よくも悪くも色々な思いを残して死んだ人もいる。そういう先祖の色々雑多な課題をクリアするには、ひとつのマスターキーで充分だ。

あらゆる課題にこたえるマスターキー、それが〝陰徳〟というものだ。子孫に財産を残すよりは、クリーンになった宿命という名も消えた真澄鏡のような清澄な光だけでいい。

そして運命は、真と善と美、すなわち誠と愛と調和という宇宙真理に即して、積極的肯定的に、自分の命を運ぶことである。

したがって、あくまで自分は自分の運命の主人である。

こうして心身一如のライフスタイルを構築して、生きて生きて生き抜いていくこと。

生きている限りは死んでない。

死んでない限りは生きている。

生かされ生きている以上は、とことん世のため人のため、進化と向上という人間の使命を遂行していきたいものだ。

人間としての尊厳を実感して生きていこう‼

2章

笑顔をしてごらん 嘘でもいいから笑ってみるんだ

天風先生の奥様が薬石効なく息を引き取られたとき、先生はその枕許で、さめざめと涙を流された。頬を伝う涙はやがて滝のように流れた。そのとき、ひとりの弟子が部屋に入ってきた。「先生、ご講演の時間です。皆さんが待っています」「おう」と吠えるような声を発して、先生はすっくと立ち上がった。瞬間、先生の顔は、いつものにこやかな顔になっていた。

「楽しい、嬉しい、面白い」という観念は、いかなる名医、名薬にも優る。

「マザーテレサを探すなら、笑い声が聞こえる所を探しなさい。そこにはきっとマザーテレサがいますよ」。

うす暗いところでちょっと見ると、マザーテレサはおとぎ話に出てくる魔法使いのお婆さんのようだが、そうではない。

マザーテレサが背をかがめてのこのこやってくるのを見ると、まるで磁石のように吸い寄せられて、跳んで行きたくなる。そばによると優しい目の光りがまぶしく大きく包んでくれる。日常のつまらないことなど何もかもが雲散霧消して、ホッと安心してしまうのだ。

　そのとき彼女のひと言ふた言、どっと笑い声があたりをおおう。部屋全体が明るく楽しくなって元気な光りが射す。

光りのあるところでは、明るく温かく安心がある。暗い所は、やがてカビが生え、コケも生え、色々な得体の知れない虫がうごめき始め、ジメジメ、サムザム、常に不安とおそろしさがつきまとうものだ。

　人間の心も体も人生も同じなんだよね。

明るくて光りのある所を探すのでなく、自分が光源となればいいんだよ。そうすれば「類は類を呼ぶ」っていうだろう。

　人生は心ひとつの置きどころ。自分が光りになろうよ。

幸福は、向こうから飛び込んでくるのではない。自分の心が、幸福を呼ばなければ、幸福は来やしない。

「不運に生まれついても、幸せに生きている人がいる」という。
逆に言えば、幸運に生まれついても、不幸せに生きている人も確かにいるものだ。
運不運と幸不幸とは必ずしも一致しない。
こうしてみると、運不運に関係なく、幸せに生きることが出来るということだ。

人生を不幸にする要因は、病気と貧乏と煩悩である。煩悩は、我欲と思考のあり方と様々な人間関係から起こる。

いずれも心の持ち方ひとつで克服することが出来るのではないか。

生まれたとき、或いは物心つくまでの境遇に関係なく、自分の命を自分が運ぶのは、あくまで自分が責任者であることを忘れてはならない。自分がどういう生き方を選ぶか。幸不幸はその生き方の中にいかに自分を生かしきるかにかかっている。

身に着けた一枚の布を、毎日洗濯をして毎日身にまとい、飾りものひとつなく、貧しい人の中でも最も貧しい人のために東奔西走して生涯を終えたマザー・テレサは、不幸せだったろうか。

いつも微笑みを絶やさない彼女のおもざしには不幸の影がない。

明日はきっとよくなる。「力と勇気と信念」をもって強く願望し強く確信し強く予期して行動するとき、幸福はすでに芽生えてきているはずだ。

笑顔をしてごらん。嘘でもいいから笑ってみな。

朝、顔を洗うとき、誰でも一度は鏡を見るはずだ。そんな時、自分の顔をみてワッハハと笑ってみるんだよ。二度、三度、四度、五度。ほんとうに可笑しくなるまで。そして最後には思いっきりの笑顔を作ってみせる。すると自分の一番美しい顔がそこにある。

天風先生はいつもどこでも、鏡を机の上に置いておられ、「鏡をむだに使いなさんな」とおっしゃっておられた。

かつてインドのカルカッタにある「死を待つ人の家」で、ボランティアをさせていただいた時、私は慣れない手つきで真剣に、死を待つひとりの老人の身体を洗っていた。

　そのときマザー・テレサが私の肩をポンと叩いて言った。

「もっとスマイルを…。この人はあなたの顔を見ています。あなたが真剣であればあるほど、あなたのスマイルが必要ですよ」

　マザー・テレサの指さす方を見上げると、壁に彼女の詩が掲げられていた。

「あなたの唇に浮かぶほのかな微笑みが、あなた自身の心を元気づけ、すてきなユーモアがあなたを包み、あなたの魂に安らぎを呼び起こし、あなたの健康を祝福し、あなたの思考を滑らかに引き出し、あなた自身の行動をおのずから勇気づけてくれるのです」。

〝夢与え　希望の光　ともす人〟。人を喜ばせて自分がまたその人と共に喜ぶということが、いちばん尊い。

犬養道子さんの話をテレビで聞いた。「難民キャンプで、恐怖と飢えに苦しんでいる子供たちに、『夢をもって』と言ってもダメなんですよ。それよりも『あなたは何が出来るの？』と聞くと、どの子も目を輝かせて、話そうとします。そこから希望がでてくるのですね」

平成一五年の大晦日のNHK紅白歌合戦。そこでSMAPが歌った『たった一つの花』が、ヒットしている。たとえ小さくとも、世界にたったひとつの花の誇りを歌ったものだ。

「ナンバーワンよりもオンリーワンたれ」という言葉もはやった。

たとえちっぽけでも、私にはこれが出来る、そしてそれをやらせたら、他のだれよりも絶対に敗けないのだと自負出来るもの、自分の中にあるオンリーワンを見つけよう。

それこそ自分の中にある花一輪。種のまま腐らせてはならない。それを慈しむように育てよう。それが自分を大切にするということだ。

種は種だけでは、ただのゴミに過ぎない。一粒の種が地に落ちて、雨に当たり風に吹かれ、太陽にあたためられて、やがて芽を出す。

光エネルギーを受けて光合成を繰り返し、やがて大輪の花が咲く。

原因と結果の間には、環境条件も含めて様々な〝縁〟がかかわっている。

この縁のおかげで、花が咲くか種のまま枯れて粉々に崩れていくか。

いうまでもなく自分自身に、さらに愛する人に、身内の者に、そして友人知人にも、また見知らぬ人にも、そこに問題があるのなら「大丈夫ですか」と声をかけよう。積極的肯定的に、働きかけることが大切となる。

そのためには、まず自分が光を発するみなもと、すなわち光源の人となることだ。光は明るい。明るくて温かい。光がないのは闇だ。闇は暗くてじめじめしている。光の前には闇は消えてしまう。

自分が光源となって、いい縁を与えることだ。

何という崇高で心が洗われることか。自分を大事に生かすというのは、自分を尊く生かすことであり、尊く生きるとは、人の喜びをわが喜びとすることである。

「袖すり合うも他生の縁」という。出会う相手には、いかなる場合にも、相手の気持をふるい立たせ、勧《すす》めはげまし勇気づけ、相手にとっていいご縁となるよう、心の糧を与えること。そんな人になりたいものだ。

（註）「夢与え　希望の光　ともす人」（王麗華「桃源境」62より）

理想は人間を偉大にも、また価値なくもする。心に犬小屋を描いて、宏壮な邸宅は建たない。

「少年よ、大志を抱け」。明治の初期、アメリカの教育家、クラーク博士が、札幌農学校を退官するときに、残していった言葉である。

彼に学んだ学生の中には、内村鑑三（無教会主義）や新渡戸稲造（『武士道』）らがいた。

鉋《かんな》で木を削っていた大工が、いつかは日本一の塔を建てるのだと思って、仕事に精を出しているのと、早く終わって今日は、あの娘《こ》のいる店に遊びに行こうと思って精を出しているのとでは、大きな差がある。

毎日そんなことを考えて繰り返すうちに、「習い性となる」、つまり習慣はついに天性のようになり、仕事振り、物腰動作、人物までもすっかり変えてしまうことになる。

「あなたの夢はなんですか?」と聞くと人によって色々な反応がある。「夢ですかー
サテ、なんでしょう…」と答える人、また「夢? そうですね、私の将来は、脱サラをして有機農園をやってみたいんです」と目を輝かせていう人。

時に驚いたような顔をして「夢ですって? さあ…別にありませんけど」

また「夢?」と聞き返した瞬間、ニコニコして「夢ならいっぱいあるんですよ」と美しい笑顔を見せてくれる人。夢をめぐって人さまざまである。

夢を持つ人には、希望がある。それを志として受けとめ、信念として心に燃やせば、情熱が沸きおこる。その人の顔も姿も人生も変えてしまうのだ。

人の世に役立つ、正しい、清い、尊い、崇高な理想をもって、人生を歩《あゆ》んで行こう。

3章

「ああ、そうだ」と気のついた時がスタート

カンチェンジュンガの山はまだ眠りから覚めていない。夜明け前の谷川の水は冷たい。川の中で身を沈めて瞑想していると、「よしッ」と声がかかった。「もう出てよい」。天風先生は、喜びを隠すことなく勇んで川から上がろうとした。「駄目だ、戻れ」。これを何度か繰返され何日も続いた。そうしてようやく気がついた。よしッ、と言われたそのままの心をもって、川から出たとき、カリアッパ師ははじめて大きく頷いた。

錆びついた車に、油を注いでも回らない。まず錆を取ること。

「心焉《ここ》に在らざれば視れども見えず、聴けども聞こえず」という。

また心がその気になっても、その心が曇ったり錆びたり、こだわりのフィルターが付いていたら、本当のことは見ることも聞くことも出来ない。

しかしも厄介なことに、その曇りや錆びやフィルターを個性と勘違いする人もいる。

すでに水が一杯入った壺に、さらに新しい水を注いでもただ溢れるばかりである。

「頭を空っぽにしろ！」。

ヨガの里で最初に中村天風師が、カリアッパ師から突きつけられた言葉である。

既成概念や固定観念にすっかり覆われた心の錆びを落とすことだった。

ある人は心の大掃除といい、また心のお風呂ともいう。

人生は創造の意欲である。

創造とは「過去の経験知識の解体と新しい目的のための結合」によって生まれる。

解体には、とらわれ、こだわり、むさぼりを脱する勇気が必要です。結合には、夢に向かって貫く信念が必要となる。

毎日毎朝、新鮮に蘇る自分を確かめようではないか。

人間の本来の面目は、創造の生活である。どんなに年をとっても、この意欲はピンボケにしてはならない。

頭の固い人がいる。頭の柔らか過ぎる人もいる。そして頭の働かない人もいる。しかし人間は〝考える葦である〟という。学んで、考えて、人間のもつ本心、良心に目覚め、人間として行動し、日に新たに日々に新たに進化と向上のために、創造的な生き方が求められているのだ。

かつて、社会思想家の市川房枝女史は、八七歳の高齢で参議員選挙にトップ当選して、マスコミを賑わせた。

あるときテレビで、彼女は、全学連の学生たちと討論をしていた。しかし学生たちは、自分の考えを主張するばかりで、彼女の話に耳を傾けなかった。遂に彼女は叱りつけた。

「待ちなさい。いいですか、私はいま八〇代です。あなた達は二〇歳そこそこ。私はかつて二〇歳の時を生きてきました。だから二〇歳の若者の気持ちはわかります。しかしあなた達は、今、二〇歳で、まだ八〇歳を経験していません。だから、この八〇歳の言うことをしっかり聞いて考えてみるということが大切なんですよ」

日焼けしたしわだらけの顔に、目を輝かせて迫《せま》ってくる姿に、学生達は、黙ってしまった。

創造とは、学界の定義によれば、「過去の経験知識の解体と結合による」という。

過去の経験知識となれば、二〇歳より八〇歳の人の方がはるかに多い。しかも八〇歳の人のもつ経験知識による情報と知恵は、単に二〇歳の四倍ではなく、二〇歳の四乗以上のはるかに広く深く豊かなものをもっている。となれば、高齢者ほど創造的であるといえる。少なくとも高齢者の方が若い人よりも、創造力を生み出す基盤があるということだ。

ところが事実は逆だ。多くは高齢者が創造の阻害要因となっている。なぜか。年を取ると、自分の過去の経験知識にこだわり、それを金科玉条の物差しとして評価するからだ。そうなると、時代や環境の変化はすっかり忘れて、自分の経験知識だけが絶対的な存在として浮き彫りにされている。そして耳を貸そうともしないし、心を開こうともしない。それを頑固、石頭《いしあたま》という。

頑固になるというのは、解体が出来ないからである。自分の過去の経験知識を、新しい課題のために解体しないで、いつまでもそのままの形でとらわれる、こだわるから頑固となるのである。

新しい目的のために、過去の経験知識相互のつながりを一度バラバラにすることだ。そして新しい課題に向けて、新しく組み直し結合することで、新しい価値が生まれることを知るべきである。

自分の過去の経験知識を解体しバラバラにするのは、勇気のいることだ。その勇気は、時代と共に新しい課題に対して、いつも新鮮な感性を持つことから生まれる。そしてその感性は、自分の人生を貫く夢によって支えられる。年を取っても、心に夢をありありと描くことが出来るだろうか。

心に夢の絵を描けば、いつもみずみずしい好奇心が泉のように湧いてくる。このとき、心は真剣に集中することが出来るのだ。

松下幸之助氏が「経営の神様」と言われ、パヴロ・ピカソが「ゲルニカ」の大作などにより「世紀の天才画家」と言われたのは、共に六〇歳を過ぎてからだった。

人のため世のため私利私欲を捨てて、高齢者が目を輝かせたとき、また少年のような情熱を燃やしたとき、高齢者こそ豊富な経験知識を燃料として、創造性開発の最前線に立っていることを忘れてはならない。

生きている限りは、「一日一生の意気」で生きることだ。

「ああそうだ」と気のついたときが、あなたのバースデーです。

知識を学んで「ああ、そうか」とわかったとき、おいしいものを食べて満足したように、頭の中に充実感が拡がっていく。そして、ひとつひとつ知識を積み重ね、その知識によって思い考え、それを行動に移して体験し、試行錯誤の結果、「なるほど」と納得したとき、知識は知恵となる。

知識を基に深く人生を考え、行動体験をもち、そこから「ああ、そうだ」と悟り、気づいて身につけた〝コツ〟のようなものが知恵というものだ。

知恵は、自覚をともなうから、自己成長につながる。

「ああそうだ」と気がつくきっかけは、色々ある。一人との出会い、一冊の書物、ひと言のひびき、またハラリと落ちる桐一葉の場合もある。

ニュートンは、りんごの落下をみて重力の法則を発見した。しかしりんごの実が落ちるのは、アダムとイブ以来、人類は見てきているはずだ。しかしだれも、重力の法則を発見しなかった。なぜか。だれも考えていなかっただけである。

ニュートンは、問題を抱え、その問題の解決に、ずーっと思い考えていた。その頂点に達したときの出会いが、りんごの落下だった。

夢をもち、それが理想となり、志となり、信念をもって情熱を傾けたとき、今まで無縁だったものが、いっせいに意味あるものとしてなだれ込んでくる。そのとき、「ああ、そうだ」と、深い発見に出会うのだ。

気がついたときこそ、あなたにとって、遅すぎもせず早すぎもせず、最もふさわしい最適なスタートなのだ。

天風先生は言う。その瞬間こそ「あなたのバースデー」だと。

いいかい、安っぽい見切りを、自分につけないこと。わかった？

ある高等学校の体育の時間に行なった大変興味深い実験がある。立教大学の松井賚夫教授が、その著書『リーダーシップ』（ダイヤモンド社）の中で紹介している。

五〇名の生徒めいめいに小さなチョークを与え、「みんな、力いっぱいに、出来るだけ高く跳び上がってみたまえ」と指示して板壁に向かって跳び上がらせ、各自いちばん高く跳び上がったところで壁にチョークの印をつけさせた。その翌日、同じ生徒たちを集め、今度は一人一人の生徒に、昨日のテストでその生徒が跳べた三割増の高さのところにチョークで印をつけておいて、「君たちはもっと高く跳べるはずだ。今つけた印のところを目標にして、それ以上高く跳んでみろ」と指示して跳び上がらせた。

その結果、五〇名の生徒のうち約半数は、その印より高く跳ぶことが出来た。これは、生徒たちの半数は、目標を与えられることによって、さらに三割の力を体内からしぼりだすことが出来たことを意味している。

つぎに、数日たって、また別のクラスの生徒五〇名を集めて、第一回目には「出来るだけ高く跳ぶように」命じ、第二回目には目標は与えないで、ただ「君たちはもっと高く跳べるはずだ。もう一度、出来るだけ高く跳べるように努力してみたまえ」とだけ指示してテストを行なってみた。ところが、このほうのクラスでは、第二回目の成績が、第一回目の成績の三割を上回った者は五〇名のうちわずかに一五名、つまり約三割にすぎなかった。

つぎに、両クラスの生徒たちについて、「第二回目の自分の成績にどの程度満足感を覚えたか」を調べてみたところ、目標を与えられたクラスでは、目標を達成出来た生徒たちは、例外なく「満足」と答えたのに、目標を与えられなかったクラスでは、実際には三割以上も高く跳べていながら「満足」と答えたものは一五名中わずかに八名で、残りの七名はせっかくよい成績をあげていながら、これという満足感を味わっていないことがわかった。

この実験で、松井教授は次の二点を指摘している。一つは、人は目標をもつことで、自分に内在するエネルギーをフルに発動させることが出来る。二つには、人は目標を意識してそれを達成したとき、深い喜びをもつことが出来るということである。

今までやったことがないから出来ないのではなく、今までやったことがないからこそ、やってみるのだ。はっきりとした目標をもって、用意万端ととのえ、心に充分なエネルギーをこめて——あとは自分を信じて跳躍だ。

「やった！　やれた！　私にも出来た」

自分の中の未知だった新しい力に気づかされて、思いがけない喜びが心の中から湧き上がる。このとき自分の中に新しい一ページが増えたのだ。

「私には出来るのだ」。これこそ新しい自己発見であり、自己拡大であり、生きがいにつながる自己充実の至福の時である。自己成長の実感である。

これが自己実現だ。

人間は、挑戦すべき目標をもったとき、既に出しきったと思われる自分の限界を遥かに飛び越えていくものだ。その目標は、願望であり、理想であり、夢である。

それが目にありありと見えるように明確に心に刻まれ、そこに情熱を注ぐとき、願望も理想も夢も信念となる。その信念こそ人生の原動力なのだ。

「強く願えば奇跡は起こる」。強く願い、強く確信し、強く予期して行動を起こすとき、奇跡はわがものとなる。

だれでもその気になれば、奇跡は起こせるものなのだ。自分の方から、簡単に限界を設けることは慎みたい。自分の中にある無限の可能性を信じよう。

筆を洗った真っ黒なコップの水も、水道の蛇口のところに置いて、ポタリポタリと水を落とせば、一晩のうちにきれいになってしまう。

夜、寝ているときに母の声がした。低くおさえるような優しい声だったので、目を開けなかった。

「お前は、努力家だから、いまに算数が好きになる。お前はタイキバンセイだよ」。私の枕元で私に言っているのだった。今までも、母はずっと続けていたのかもしれないが、それ以降は時々、寝たふりをして母のひそかな声を聞くのが楽しみになった。

小学一年の時から、私は算数が苦手だった。あまりの不出来に、母は心配してあちこちの家庭教師をつれてきたが効果はなかった。

一度だけ、風呂場でタライに泡をいっぱい立てて洗濯をしていた母に、割算の仕方を教わった。

今までだれに聞いてもわからなかったのに、母に教わったときは、びっくりするほどよくわかった。この時ほど母を尊敬したことはなかった。

夢か現《うつ》つか、毎夜聞く母の暗示の声は、子守歌のように心に染《し》みた。その頃から、私の体の中には、努力家と算数とタイキバンセイという三つの言葉が滲み込んでいった。

そして自分自身も、母の声を思い出しては、同じ言葉をかけていた。

中学生になって、初めて辞書を買ってもらった時、早速「タイキバンセイ」という言葉をひいた。「大器晩成」ということだった。こんなボクでも大人物になれるのかと思った。

母はよく「コツコツ」という言葉を私に言った。「コツコツ勉強するんだよ」、「コツコツでいいからね。焦らないこと」、「コツコツ努力すればいい」。

そのときから、コツコツやり続ければ、母の望む人間になれるのだと思った。算数はなかなか思うようにいかなかった。

しかしいつも、算数だけはわかってもわからなくても、コツコツと親しむことにした。高校生の時、気がついたら数学は、特に微分積分や立体幾何学などの試験は、全学年で一番の成績となった。それを自覚したとき、私は私自身の性格も変わったような気がした。

平安中期の書家小野道風《おののとうふう》は、垂れ下がった柳の枝に、一匹の雨蛙が飛びかかろうとして、何度も何度も試しているのを見た。

何度やってもうまくいかない。しかし雨蛙はくり返しくり返し飛びかかっている。雨の中、傘をさして小野道風は釘づけのようになってその雨蛙を見ていた。

やがてやっと飛び着いた。枝が大きく揺れた。しかし雨蛙はしっかと枝にしがみついていた。

これを見て、彼はあきらめかけていた書に励み、遂には大家となり、平安三蹟《せき》の一人として名を残すことになった。
欧米の諺に「習慣は第二の天性」という言葉がある。
性格は習慣によって磨くことも変えることもできる。三日天下ならだれでも出来る。
「継続は力なり」で、少しずつでも、コツコツと努力をする習慣を重ねれば、いつか
はきっと、小野道風の蛙のように、「ありたい自分」に飛びつくことが出来るのだ。

私は出来る。
そうだと思っている人も、
そうでないと思っている人も、
夢をもって輝いて生きる方が、
ずっとすばらしい。

材木を横にして大工たちが鉋《かんな》を掛けていた。通りがかった人が大工に問いかけた。
「何をしてるんですか」。

一人の大工は言った。「木を削ってるんだよ。見ればわかるだろ」。

もう一人の人は言った。「家を建ててるんだよ」。

三人目の大工が言った。「俺かい、俺は今に日本一の塔を建ててるんだ」。

将来、名工として名を残すのは誰だろうか。

ある有名人の息子が、大学へ行くのをやめて板前になりたいと言い出した。

理解ある父親は、自分の顔見知りの一流料亭に息子の修業を頼んで弟子入りさせた。

十年経った。父親は楽しみにして息子に会いに行った。そこで父親が見たのは、皿洗いをしている息子の姿だった。

激怒した父親は、息子を連れて帰ってきた。

いま、息子は赤ちょうちんを下げた小さな町の居酒屋を営んでいる。このまま一生を過ごすようだ。

もう一人の若者は、世界的シェフになろうと夢見た。そのためにはまず日本一のシェフになろうと志を立てた。何度も足繁く通って遂に一流レストランに弟子入りすることが出来た。

一二年間皿洗いをした。客の残したもの、皿にこびりついたソースの名残りなど、皿洗いは、料理のノウハウを盗み取る情報の宝庫だ。

日本人の味覚は最高だ。真の日本一になれば、世界一にはなれる。

彼の胸は一杯にふくらんでいた。いつも輝いて一歩一歩とその歩みを着実に重ねている。彼はきっと日本一の名シェフとなるだろう。

いまどこで何をしていようとも、人は夢をもつことが出来る。夢をもてば希望が湧く。

希望を強く抱けば志となる。

人間の一生は、生きている間のことだ。一日一日を時が刻む。その一日一日、一時間一時間、一分一分、一秒一秒——。わが心臓は鼓動を続けて止まない。

生きている間が人生だ。容赦なく時は過ぎていく。過ぎたものはもどらない。不可逆では、必ずエントロピーは増大する。形あるものは必ずこわれていくものだ。これが宇宙真理とさえいわれた「エントロピーの法則」。人は老化し、寿命尽きればやがて土となる。

人生に二ページはない。このかけがえのない人生のために、これからの一秒一秒、一分一分、一時間一時間、一日一日を、あなたはどのように自分の生きざまを選びますか。

かつて稀世の人傑といわれた憂国の志士である頭山満翁《とうやまみつる》は、「一日一生で生きよ、そして一人で居ても寂しくない人となれ」と言った。

明治の初め、アメリカの化学者であり教育家であるW・S・クラーク博士が、来日して札幌農学校の教授となり、新生日本のための青年を教育し、内村鑑三や新渡戸稲造らの学生に深い感化を与えた。

彼が日本を去る時に残した言葉が、「青年よ、大志を抱け」であった。

生きている限り夢を大切にして、いつも新鮮に生命を輝かせておきたいものだ。

4章

仕事をするなら一流をめざせ
プロに徹せよ

ある炭鉱で労働組合の争議があった。そして警察との対決となった。こじれにこじれるばかりとなった。遂に頭山満翁が斡旋に入り、天風先生が収拾のため相手と談判することになった。組合幹部に会いに行くとき、反対する争議団の中から数発の銃声が聞こえた。天風先生は歩を停めなかった。その勢いにのまれて、談判は成功裡に終わった。後で見ると、天風先生の身にまとったマントには、弾の穴があいていた。

仕事するなら、一流をめざせ、プロに徹せよ。真剣唯一主義だ。

カラオケブームが始まった頃、音痴が多かった。しかしそれが愛嬌でもあった。さらにカラオケが普及してくると、みんなうまくなってきた。今では、プロ並みのうまい人たちがザラにいる。

演歌歌手の大御所、北島三郎のところに、若い弟子が泣きついてきた。カラオケのせいで、素人の人たちがみんな歌うのがうまくなった、どうしよう、と嘆いた。

この時、北島三郎は「よいか、俺たちはプロなんだ。俺の歌はね、他人《ひと》がどんなに真似ても絶対に出来ないってところが、三カ所はあるんだ。

プロは、だれが相手になっても、絶対に譲れないという自分だけの独特のものを、三つぐらいは持っておかなきゃあいけないよ」と諭した。

長嶋茂雄氏が、巨人選手の現役の頃、格好よくベースにスライディングしたとき、勢い余って、指の爪が剥がれそうになった。余りの痛さによく見ると、指と爪の間に、砂が食いこんで血がにじんでいた。早速、医務室で治療を受けた。医師は手に麻酔をしようとした。長嶋選手は、痛みに堪えながら言った。「麻酔は止めてください」。

そんな無茶なことと医師は思った。ところが、彼は、麻酔の副作用で、万が一、選手活動に支障があってはいけないからだという。

再三の医師の説得にかかわらず、長嶋選手は拒み続けた。

「どんなに痛くても我慢しますから」。そして長嶋選手は、唸り声を必死におさえながら、鬼よりも恐ろしい形相をして、激痛に堪えぬいたという。

「終わりました」とひとこと医者は言って思わず彼に一礼をした。

そして「さすがにプロですね――」と思わず口に出た。

プロ、すなわちプロフェッショナル（職業人）は、お客からお金をいただいて、自分の腕前を見せる。

ところでお客は、お金を手に入れるためには、何らかの対価を提供する。つまりある種の犠牲をはらってお金を手に入れているはずだ。お客はそのお金で欲しいものと交換することができる。貴重なお金だ。お金の使い途には色々な選択肢がある。

そこでお客は長嶋選手のプレイを見るために、そのお金を使ったとする。

お客は、他にも色々なお金の使い方があるのに、その機会をすべて犠牲にして長嶋選手のプレイを選択したことになる。しかもやり直しはきかない。この時、お客は長嶋選手のプレイを見て、心から感動し、選んでよかったという喜びを期待している。

プロはこのひとりひとりのお客の心に百パーセント答えなければならない。だからこそたとえ一瞬でも、そこに全身全霊、真剣勝負で、全力投球するのである。

仕事をしてお金をいただこうというのなら、いつでもどこでも、どんなに些細なことでも、またたれからみられても、「さすがに——」と言われることをしようではないか。

どこまでも人間を作れ。仕事は絶好の場を与えてくれる。

色んな人間がいる。色んな上司がいる。逆に色んな部下がいる。なんとなく気に入った人がいる。虫酸《むしず》が走るほど嫌な奴《やつ》もいる。

職場というところは、大方そのようなものだ。

ある会社の多くの中堅社員に、「この人となら一緒に仕事が出来る、いい上司だ」と思った人を一人思い出して、その人の特徴を示す二〇項目に重みづけをしてもらった。

また、「この人とは絶対に一緒に仕事をしたくない、という上司」を一人思い出して、同じくその性格を表わす二〇項目の言葉に重みづけをしてもらった。

その結果を、社員同士で交換してお互いに見比べてみた。驚いたことに、ほとんどのものが一致していなくて、みんなバラバラだった。

つまり、だれにとってもよい上司、悪い上司というイメージに共通した一般的なパターンはないということだ。

やはり、色んな上司がいて、色んな部下がいるということになる。

自分が一〇〇パーセント気に入った上司に、めぐり合うことは滅多にないということだ。それぞれが、どこか気に入らない部分があるということになる。

そもそも、組織としての行動をするとき、そこには一つの目標がある。その組織目標を遂行するために、仕事をする者たちが集まり、役割を分担し、上司がいて部下がいることになる。上司も部下も、組織のもつ目標の連鎖体型の中で、それぞれの役割を遂行するのである。

そのときひとりひとりは、その役割において、プロであることを期待される。従って上司と部下の人間関係は、プロ集団の中であくまで役割を遂行していく上でのことである。井戸端会議的な感情に甘えてもいけないし、気分に流されてもいけないということなのだ。

関西系のある大手企業の経営者が、上に立つものの条件として、「自分の嫌いな人間をうまく使って、その能力を組織に貢献させることが出来なければだめだ」と言っている。そのためには、仕事を通じて、自分を磨けということである。

仕事をすすめていく場合、自分の周囲には色々な関係が作られていく。社内の各部署、職場間の人間関係、仕入業者、同業者、お得意先、そして地域社会。またユーザー、エンドユーザー、消費者、生活者など。さらに仕事そのものの様々な問題解決に遭遇する。

仕事上の問題解決は、学校の試験のように、問題の在《あ》り処《か》がはっきりしない。しかも必ずしも正解があるとは限らない。

その上、答は一つとは限らない。学校では経験しない形で、突然問題が発生する。「さあ困った。どうしよう？」という問題だ。

現実をみつめ、実態を探り、本質にまで浸透して考えなければならない。

巾広い情報力と洞察力。視覚化力と想像力。判断力と創造力。決断力と行動力。このため色々な人の知恵と力を借りなければならない。

自分や人の気分や好みは許されない。より高い仕事を遂行する崇高な目標に、全身で集中することになる。

やり遂げたとき、「自己実現の喜び」をずっしりと感じるものだ。このとき、仕事のやりがいは生きがいに通じるものとなる。

こうして人間は、自己を越えた仕事を遂行することで、自己発見、自己拡大、自己充実を体験するのだ。

進んで負えば重荷も軽し、いやいや持ちゃ、半紙一枚だって重荷になる。

「おお、もう昼か」。夢中になって仕事をしていると、午前中の三時間も、思いがけず早く時間が経つものだ。同じ仕事でも、いやいや取組むと、ダラダラとした作業となり「まだ、こんな時間かあ――」となる。仕事をするのか作業をするのか。

あるテレビ局の女子アナが、本番でしくじった。とんでもないことをしてしまったのだ。

結局、左遷させられた。単なる閑《ひま》な事務員となり、毎日お茶汲みをすることが多くなった。希望もなく、いやいやながらのお茶汲みは、身も心も疲れるものだった。

ある日、自分のしていることが、自動給茶器とたいして変らぬことに気がついた。これでは自分のプライドが許さない。彼女は考えた。「私は私、かけがえのない私」果たしてどうしたものか。

「どうせ、この私がやる以上は、他人の真似のできないうんとおいしいお茶をいれたい」。

おいしいお茶の条件といえば、まずお茶の葉だ。限られたコストで、おいしいお茶の葉を手に入れるために、何軒かのお茶屋さんを歩いた。

勉強もした。日本の緑茶が意外に日本の文化に支えられた深いものであることも知った。

再三、値段の交渉もした。同じコストで、予想以上によいお茶の葉を手に入れることが出来た。

このお茶の葉で最高の味を出すために何が必要か。彼女は次々に考えた。

オフィスの来客にお茶を出す。いつもの調子でお客は、商談をしながら何気なく茶碗を手にとる。一口飲む。瞬間、目をみはる。

「うん、おいしいですね、このお茶」。

心を和ませたお客の笑顔。彼女のイメージはふくらんでいく。この調子で、職場の皆にも飲んでもらおう。彼女の目は輝いた。まず湯加減から工夫した。茶器の扱いもつい心がこもった。

やがて、社外からも評判が立った。同業の社長同士の会合の中の雑談で、このおいしいお茶が話題となった。どこの会社でも出すありきたりで事務的なものとは全く違う。

日頃、お茶の味に関心のない人でも、ハッと気づかせてくれる茶のうま味。――ほんとうは、お茶を入れる人の心のうま味なのかもしれない。

数カ月後、彼女は抜擢されて昇格の形で元の職場に戻った。

仕事というのは、最小限でも、何のためにという目的、ねらいがはっきりして、プラン（段取り）、ドウ（行動）、シー（反省、評価）という自己配慮の要素をもつものだ。

作業は、言われたことだけをすればいい。体を動かして決められた通りにこなしていくだけだ。使役としての要素をもつ。従って仕方なしに嫌々やることが多い。

仕事は「私が為《し》ている」という積極的能動的な絶対感覚の自覚がある。当然、責任をもつ。

しかし作業は、「させられている」という、他人によって動かされているという消極的受動的な相対感覚のため、身が入らない。そこにはいつでも責任転嫁への逃げ道がある。このままなら飼い主に命じられて動く犬のようなものだ。

どんな些細なことも、たとえそれが腰掛け的なものであれ、作業であっても、自分が取扱う以上は、自分のものとして、自分という存在の誇りを賭け、使命感をもって自分の仕事として取組むことだ。

自分の仕事として取組むか、頼まれた作業として取組むか。作業には、その都度、片付けたという開放感はあるが、仕事には、自己実現を伴う達成感がある。

自己実現とは、自分の取組む仕事をして、「やれた、やったぞ!!」という自己発見、自己拡大、自己充実からくる自己成長の生きがいを実感することだ。

このため、自分のものとして自分から進んで受けとめた仕事は、疲れることがない。みずみずしい自分との出会いと発見があるのだ。ますます活き活き溌剌颯爽たるものとなる。

ところが、嫌々仕事をすれば、自分以外のものによって使役させられている自分の肉体疲労からついには心労となり、心身のバランスを失ってしまう。

古歌に言う。

「わが物と思えば軽し傘の雪」（其角）。

たとえ事業がうまくいかない場合でも、それは天が教えてくれていると考えなさい。

人間には生体リズムがある。理性のリズムと感情のリズムと肉体のリズムがあって、それぞれ周期が異なる。

世の中の景気にも周期的な変動の波がある。長期的な波（コンドラチェフ循環）と中期的な波（ジェグラー循環）と短期的な波（キチン循環）があって、それぞれが異なる周期をもって同時進行している。

経済活動に景気変動の影響は免れない。しかも経済活動は、人間主体の活動だ。

同じ仕事をするにも、うまくいくときとうまくいかないときがある。めぐりあわせというものだ。

いいときは、波に乗ってぐんぐんやればいい。プラスがプラスをよんでいくだろう。ただし、好事魔多し、油断大敵。初心忘るべからずである。

悪いときは、じたばたせぬことだ。無理強いするとマイナスがマイナスをよぶことになる。反省の機会でもあるし、周辺を整える機会でもある。また次のプラスに備えて十分に養生《ようじょう》する尊い期間でもある。

しかし景気が良くても、うまくいかぬときがある。逆に不景気でも成績を上げているところがある。こうなると事業がうまくいく、いかないは、景気や人のせいばかりとはいえない。それを運のせいにしても、何も始まらない。

結局、仕事をしているのは自分だ。思うままにいかないとき、苛立ったり弱気になったりする前に、

「天が教えてくれている。天が授けてくれた絶好の機会だ」

と思うがいい。「雨降って、地固まる」のたとえもある。

成功している経営者というのは、ある新聞社の調査によれば、七五パーセントの人が、若いときに、深い挫折を味わっていたという。

病気療養で一年以上も入院していたり、左遷されて窓際に坐ったままだったり…。同僚仲間が、バリバリ仕事をして出世していく中で、ひとり取り残された孤独感。

しかし経営者は言う。

「あの時、時間があったので色々と人生の本をよんだり、考えたりする時間がたくさんありました。もしあのようなことがなければ、今の私はありません」と。

そのとき不運だと思ったマイナスの阻害要因が、何年か経ってふり返ってみると、実は今日の自分を作ったプラスの促進要因であったことを思い知らされることがある。

何が幸いかわからない。大事なことは、どんなに意にそぐわない嫌なことがあっても、こと志と違う結果に遭遇しても、「天のメッセージ」だと思って絶対積極の心を失わぬことだ。

世の中に必要なものは栄える。そんな仕事をしなさい。

『マル井プロパン』。岩谷産業の創業者、岩谷直治氏が、昭和二八年にわが国で初めて、家庭用ＬＰガスの販売をした。

地方の多くが、いや、都市の周辺においてすら、薪や炭で御飯を炊き、料理をしていた頃だ。当時は、「マル井プロパン？　どんなパンですか」と聞く人がいた。

岩谷直治氏は、若いとき大八車《ダイハチグルマ》に溶接棒を積んで売り歩いた。結婚してからは直治氏が出張中には、奥さんが乳母車に溶接棒を積んで、お得意様の所へ運んだという。

今でいう顧客志向に徹した商売と、命に代えても信用第一という商魂に支えられて、岩谷の事業は伸びていった。

この岩谷直治の不屈ともいうべき哲学のルーツは、彼が少年の頃に通学した農学校にあった。

ちょうど東京から来た新任の若い先生が担任となった。新進気鋭の若い先生は、当時としては最先端のダーウィンの進化論の話をした。

彼は、その進化論に強い印象を受けた。

後に、彼が丁稚《でっち》奉公に出たとき、日夜の仕事を通じて思い当ったことは、「世の中に必要なものは栄える」ということだった。

これが岩谷直治の事業進化論であり、事業哲学となった。

事業というのは、世の中からみれば、なくてはならぬ事業としてお客に認められ、喜ばれ、支えられるものでなくてはならない。

そのために、世の中が求めているもの、欲しているもの、必要と感じているものに全力で答えようとするとき、きっと世の中は、喜びをもって迎えてくれるはずだ。

昭和二八年暮、岩谷産業はＬＰガスの販売に踏み切った。わが国で初めてだけに、世間からみれば大冒険だった。

しかしこの新規事業は、多くの家庭の奥様たちの手助けとなる。家庭にとっての台所革命でもある。奥様たちの、続いて子供たちの、一家団らんの笑顔が目に浮かぶ。「世の中に必要なものは栄える」。

岩谷直治氏の号令一下、会社員が奮い立った。最初の月に七〇〇キロを販売した。

それから五〇年の年月が流れた。一社から始まった事業は、その後、大手の業者たちが多数参入して大きな業界となった。

現在わが国のLPガス年間使用量は、およそ一四二〇万トンといわれている。『マルヰプロパン』は今もトップシェアを占めている。

五つの仕事がある。したら困る仕事。しない方がよい仕事。してもしなくてもよい仕事。した方がよい仕事。してもらわなくては困る、ぜひやってもらいたい仕事。

どうせやるのなら、私でなければ出来ない仕事であって、しかも人の世に役立ち、必要とされ、喜んでもらえる仕事をしたいものだ。

仕事をするとき、いかなる場合があろうとも随所に、自分が主でなければいけない。

患者を取り違えて手術をする医師。誤認逮捕を繰り返す警官、秘書手当で詐欺と問われた元自治大臣、控訴だけしてサッサと全員が辞任した弁護団、女子生徒の盗撮に奔走する教師。一杯ひっかけホロ酔い加減の長距離バスの運転手。鶏インフルエンザで日本中が連日大騒ぎしているのに、鶏の大量死をあえて腸炎による死だと勝手に決めつけて、肉や卵を大量に売りとばした業者…。

「もっと真面目にしろッ」と、言いたいことが山ほどある。

期初に販売計画を立てる。その時、たいていは前年度アップの計画となる。「おい、来期は前年度の一五パーセントアップで計画を立ててくれ」「冗談でしょう。無理ですよ」「いや、それでなくては困るのだ。だからぜひそれでやってくれ」、「いや、とてもとてもムリです」「そう言わないで、何とかやれよ」、「そうは言っても、こっちがたまりませんよ」、「君ィ、そう言うがね、これは本社からの厳命なんだ。な、俺の身にもなってくれよ、頼む、この通り」。

上司にひれ伏されては仕方ない。「そうですか…。部長がそう言うのなら、仕方ないですよね。なんとかやってみましょう」。「そうか、有難い。ま、なんとかやってくれ」。

しかし頼まれた本人は、自分の仕事というよりは、部長の仕事を代りにやってあげているという感じだ。

だから、なんとかやってあげればいい。そしてなんとかやった。

期末が近づいた。

「おい、全然出来てないじゃないか、このままだと明らかに未達だ。どうなんだ？」

「ハイ、なかなか厳しい状況のようです」

「何ィ？　まるでヒトゴトのようではないか」

「だから最初から難しいって言ったのです」

「しかし君はナントカやってみると言ったじゃないか」

「ハイ、なんとかはしました。しましたけど、やっぱり予想通りうまくいきません」

この場合、本人にとっては、最初から「自分の目標」という意識がない。従って「自分の仕事」という愛情もない。自分が納得する目的、自分の仕事という自覚がなければ、責任をとって、目標を達成しようという情熱は沸いてこない。

「随処に主となれ」という言葉がある。いやしくも、自分が仕事をするときは、自分が納得する仕事をすることだ。嫌々ながら、仕方がないから、或いはまた、成りゆき上いつものことだから、という気分では、ロクな仕事が出来ないばかりか、ミスもロスも事故も起きることになる。

「借り物の仕事はするな」ということだ。

天風先生は、どんな場合にも、はっきりした気持で、精神を集中して仕事をせよと言う。

そのためには、急いで仕事をするとき、興味のうすいことをするとき、役にも立たないことをすると思っているとき、さんざんやり慣れたことをするとき、こういうときは、特に精神を集中して、真剣に取り組むことの大切さを説いた。

「ついうっかり」は許されないことがある。

いかなる場合にも、自分が関わる以上は、自分が自分の主人公として、自分の仕事に情熱と責任をもって臨《のぞ》みたいものだ。

「今日は頭が痛いから、休ませて下さい」「だれが」「私です」「お前がどうだというのだ」「私は頭が痛いんです」「頭が痛いのはわかる。だが、お前はなぜ休むのだ」「いえ、私は頭が痛いからです」「ほう、お前は頭か」「――いえ」「ではお前は何だ」「――」

5章

心が体を動かしているのだ

たとえ
身に病があっても、
心まで病ますまい。
たとえ
運命に非なるものがあっても、
心まで悩ますまい。

ドイツの哲学者イマヌエル・カント（一七二四―一八〇四）は、生涯、医者も驚くほどの多くの持病があった。遂に主治医は匙を投げた形でこう言った。

「これだけ色々な病気を持っておれば、いちいち病気を治すことを考えずに、いかに病気であってもそれを克服して生きる勇気を、神が与えて下さったことに感謝して生きて下さい」。

その後カントは『純粋理性批判』や『道徳形而上学入門』など不朽の業績を残した。

そしてカントは八〇歳で息を引きとるとき、病身で過した自分の身を振り返って、

「私は、生来、病弱の身でした。だけど、こんなに色んな病を身に持ちながら、哲学者として生涯を生き続ける勇気を与えてくださったことを神に感謝します」

と言った。

たしかに病と病気は違う。病は身体の故障である。故障は本来の正常な働きが損なわれているのだから、本来の正常な姿に戻すように治療することが先決。それを〝気〟すなわち心まで病ますまいということだ。

患者自身が是非元気になるんだという強い願望がなければ、どんな名医だって、その患者の病を治すことは出来ないという。

運命においても同じことがいえる。

運命は自分の命を自分が運ぶことをいう。不運だといわれる人が、むしろ幸せに生きている場合があるではないか。

心というものは、肉体の状況に左右されるものと思っていた。ところがそうじゃない。心が体を動かしているのだ。

千葉県の茂原機能クリニックは、整形外科では評判が高く、はるかに遠い地域からも多くの患者がやってくる。二、三の病院で断わられたといって、真っ青になって転がり込んできた急患は、手首切断の重傷だった。片時も猶予ならじと、直ちに再接着手術が始まった。

骨、腱、血管はもちろん、三本の神経も順番に接合していかねばならない。一秒も無駄は出来ない。二時間後、手術は無事に成功した。この種の手術の早さでは、まさにギネスブック並の見事さだった。

院長の伊藤豊氏は語った。

「今まで、色々な手術をしてきましたが、例えば切断した手の指の再接着手術をしたとき、有難う有難うと言って、喜びと感謝の気持を全身に現わして、血流が再開した感動を共有できた人は、治りが早いんですよ。そして手術後の後遺症も残りません。

反対に、文句ばかり言って、恨んだり悲しんだり必要以上に心配して帰った患者さんは、あとで血栓症を起こしたりして、もう一度手術をやり直すことがあります。こういう人はなかなか治りが遅いんですよ。心と身体はつながっているんですね」

要らないことは、どんどん忘れて、要ることだけを、どんどん覚えなさい。

頭が重い。微熱が続く。体がだるい。「一体、どうなってるんだ――」。

三五歳の中村天風は、野宿同然の小屋の中で、深くため息をついた。

ギャロップ性肺結核。明治の時代では、急速に進行する不治の病として恐れられていたものだ。

このために古今東西の医療書、哲学書さらに宗教書まで読み漁った。

それでも足りないと、生命がけでアメリカに渡って、医学を学んだ。

それでも癒しきれないために、イギリス、ドイツ、フランスへと、人々の教えを乞い、救いを求めてきた。

いよいよ死期が近づいた。それを自覚したとき、心身疲れ果てて、フランスを後に日本へ向かった。

途中、奇しくも会ったヨガの尊師カリアッパを信じて、無謀にもインド東部の山奥にまで来てしまった。だまされたのか――。

絶望の淵がチラチラと見える不安の中で、天風は、カリアッパ師に対する不満と怒りを覚えた。「お前の病は治る」と言われたから、ついて来たのだ。しかし来てみれば、奴隷のような待遇だ。大体、この種の病気は、豊富な栄養が絶対必要なのに、木の実みたいなものを生のまま食べるなど、ロクでもないものばかり食べさせている。その上放ったらかしだ。

毎朝、カリアッパ師は、村を訪ねてくる。村人たちはひざまづいて、聖人と仰ぐカリアッパ師を迎える。

しかしいつも待ちわびている中村の前は素通りだ。いつ、治してくれるのか、毎日待っているのに、カリアッパは今日も知らん顔をするのか。もう許せねぇ。今日こそ、直訴しようと心に決めた。

カリアッパ師が来たらしい。村人たちはいつものように総出で出迎えている。中村も、末席に来て近場にひざまづいて待った。足音が近づいて来た。

「カリアッパッ」思いきって叫んだ。カリアッパ師は足を停めた。

「どうした？」

「あなたは、私の病を治すというから、一緒に来たのに、一向に治してくれない。いつになったら治してくれるのですか」

カリアッパ師は、しげしげと中村の顔をみつめた。

「よろしい。そこの壺《つぼ》を持ってきなさい」

初めての指示だ。中村は立ち上がって壺を持ってきた。

「よろしい。ではその壺に水を一杯入れなさい」中村は川の水を、溢れるほど一杯に入れて来た。

「そうだ。では、そこにあるお湯を注ぎなさい」

「――?!」

「お前の持っているその壺にお湯を注ぐのだ」

「――?!」

「早くやりなさい」

「しかし、それは無理です」

「よいから注ぎなさい」中村は、止むを得ず、すでに水で溢れるほど一杯になった壺に、新しくお湯を注いだ。もちろん、お湯は入らないでそのまま溢れ出た。

「どうした?」「いえ、お湯は溢れるだけです」

「なぜだ?」

「なぜって? 当然じゃないですか。すでに水が一杯入ってるんですから」

「そうだ、わかったか」

そう言い残してカリアッパ師は立ち去ろうとした。慌てた中村は、思わず叫んだ。

「待って下さい。わかったかとおっしゃられても、何が何だかさっぱりわかりません」

「わからんか、困ったものだ」カリアッパ師は、中村の前にもどって来た。

「よいか。私はお前をここに連れて来た翌日から、お前を健康にするために色々と教えるつもりだった。ところが、お前の頭の中は、余計なものが一杯つまっておって、私の教えなど入り込む余地がない。さっきの湯と同じだ。お前は、私の教えを受けるために、いつ頭の中を空っぽにするか、私は毎日それを待っておるのだ」言い終わるやカリアッパ師は立ち去った。

そうか……言われてみれば思いあたるふしもある。発病以来、古今東西の書物を読み漁った。アメリカでは、正規に医学の勉強もした。多くの国々へ行って、色々な人の教えを聞いた。

たしかに今の私の頭の中は、知識の宝庫となっている。そのことは、むしろ私の誇りであるし、私の存在証明でもある。

しかし、壺のお湯には参った。すでに水で一杯だったら、その上に何を注いでも注入できるわけがない。溢れ落ちるばかりだ。せっかくの新しいお湯も無駄になる。

カリアッパ師の言わんとしていることが、何となくわかってきた。

ウム、その通りかもしれない。今まで色んな事を勉強してきたが、それが邪魔だというなら、それも道理だ。言う通りに頭の中を空っぽにしてみようじゃないか、と思った。

中村は早速、自分の頭の中を空っぽにして、子供のように素直になろうと心に決めた。

後に、天風先生は言う。

「君たちはね、知らなくてもいいものを一杯知っていて、知らなきゃあならんことを、ちっとも知ろうとしないじゃないか」と。

運命を好転するには、いいことだけを絶え間なく心に描くんだぞ。悪く悪く考えこまないように。

かつて心療内科を創設した医学博士の池見酉次郎先生がいた。先生は、毎日診察や手術の激務の上、頼まれた原稿がはかどらず、気持ちがイライラしていた。ある日、思いがけず大量の吐血をしてしまった。弟子達が案じて早速レントゲンで調べた結果、手術が必要となった。

しかし体力のこともあるので、数日後体力の回復を待って手術ということになった。先生は、自分が入院する破目となった。不安はつのるばかりだった。越し方行く末のことも気になった。どれもこれも不安と焦燥の暗いものしか思いうかばなかった。こんな思いのままでは、体力回復どころかますます体力も気力も衰えると悟った。そのとき学生時代、神経衰弱にかかったとき、森田療法でやっと治癒したことを思い出した。どうせここまできたら仕方のないことと割り切って、逆のことを考えることにした。

生まれて今日までの楽しいことばかりを、ひとつひとつ思いうかべた。ありありとイメージ一杯に拡げてみた。

思わずひとりで笑ったりもした。次の日もまた次の日もこうして楽しんだ。

手術の日、弟子達がやってきて「先生、念のためもう一度レントゲンをとらせて下さい」と言った。

やがてレントゲン写真を手にした弟子が困惑した表情でやってきた。

「先生、異常がないんですけど…」

「なに？」

みれば、きれいなものだった。

「たしか、この前のは、明らかに疾患が見えていました」

「そうだったね」

「念のため手術しますか」

「いや、待ってくれ、うーん」

「先生、ご気分は？　」

「そういえば爽快だね、何ともないんだよ」

結局、健全であることが判明して、手術することもなく目出たく退院をしたということだった。まさに「例外的治癒」というものだった。

しかし先生ご自身は深く考えることになった。なぜだ？　何があったのか？　わずかの日数だが、入院中に変わったことがあったとすれば、心を置き換えて、一日中楽しいことばかりを考えるようにしたことだった。

最初は無理に思い出そうとしたが、次々と繰り返しているうちに、芋《いも》づる式に楽しいこと、嬉しいことが頭の中に浮かんできた。

ハッと先生は気がついた。あの時たしかに自分は胃に疾患を持って吐血をした。あの時も今も自分は生きている。ところが病理学は、主として死体の解剖処理をして考察を進めている。死体はあくまで死体であって物でしかない。その死体にある内臓の疾患した部分を失くすには、その部分を切って捨てるしかない。

したがって、今まで胃潰瘍で来た患者さんには、すべて手術をして患部の切除をしたものだ。切除したら、疾患部分は無い。

無いからもう治りましたと言って、患者さんたちは退院して帰っていった。

しかし本当に治癒したといえるのだろうか。単に悪い部分を切って捨てただけではないか。いうなれば一種の対症療法で、決して原因に対する根本治療とはいえない。

先生は改めて、過去に手術をして退院していった患者のカルテを調べてみた。驚いたことにかなりの人たちが、三年から五年後に再び同じ胃潰瘍になっていたという事実がわかった。

生きている人間。患者の体は病んでいるとはいえ、紛《まぎ》れもなく生きているのだ。そして生きている心の持ちようによっては、人間はより健康に生きようとする霊妙な力が働いている事を忘れてはならない。

あれほど吐血をした自分の胃潰瘍が治ったのは、自分の心の持ち方ひとつだったという事実に、改めて感動をしたという。

その時から、先生は「心療内科」に対する情熱をもち始めたということである。

身体が健康であっても、心が消極的否定的不健全であれば、やがて身体は健康を失っていく。しかし心が積極的肯定的健全であれば、身体は健康を取り戻すことになる。

そして心身が健康であり健全であれば、運命も自ら好転すると信じてよい。

厄介なことに、人間はいったん消極的、否定的なマイナスの感情にはまってしまうと、とどまることなく悪循環をしてしまうものだ。

むしろその悲しくも苦しいブルーな感情を、かえって甘美な蜜のように錯覚して追いかけたりもする。こうなれば、本人はもう何も聞こうとしないし、何も見ようともしない。心の蟻地獄を自らの中に作ってしまう。

結局、本人自ら気がついて、本人の意志で歯止めをかけようとしない限り、自分の心の方位を変えることは出来ない。

気がつくには、まず自分に対する甘えの感情を捨てることだ。

幸い人間の心は、同時に反対の感情を持つことは出来ない。嬉しい時に同時に悲しい気持ちを同居して持つということは出来ないのだ。

もし消極的、否定的、マイナスの暗い心に気がついたら、だらだら引きずり回されないうちに、自分の心に鞭打って、いさぎよくその心を切り替えるのだ。

「ガチャンッ」鉄道の転轍機《ポイント》のように切り替えるのだ。心に勇気をもって、自分の勇気を試す時だ。

あとは未練を残さない、振りかえらない。前を向いて、上を向いて、可能性を信じ、自分に出来ることは何か、そこから新しい希望が生まれる。

生命は死と再生の繰り返しだ。新しい私が居る。「私は生きている」

生きてる以上は、生きてる限り、生き生きと考える方が自然ではないか。

嘘でもいいからニッコリ笑って天風先生の言葉の「そうだ！　私は強い強い力の結晶だッ」と叫んでみよう。

人生は、心ひとつの置きどころ。泣くんじゃないよ、怒るんじゃないよ、恐れるんじゃないよ。

「悲しいから泣くのではない。泣くから悲しいのだ」という言葉がある。

ちょっと怒ってみたら、本当に腹立たしくなって、どっと溢れるように怒り心頭に来ることがある。

恐怖もそうだ。ちょっと恐いとひるんだ瞬間、もうとめどもなく怖くなったりする。しかし、「幽霊の正体見たり枯尾花」ということがある。

たかが気持の持ち様だというなかれ。われわれの病気には、医原病と表情病（感情表出病）というのがある。医原病は、文字通り医師の作る病気だ。

さらにいえば、医師の言動によって本当の病人になってしまうことだ。

また表情病は、感情のもち方によって罹病《りびょう》し進行する病気をいう。

泣くと悲しくなる。心に悲しい感情をもったとき、人間の血液は茶褐色になり、味は苦くなる。怒ると血液は黒褐色に変色して、渋い味となり、恐れをもつと血液はうすい紫色となって、血液の味は酢味をおびてくるという。（中村天風著『真人生探求』）

本来、正常な血液は弱アルカリ性だといわれているが、泣いたり、怒ったり、恐れたりしたときの血流は変色変味の上、一般に酸性となることが判明している。

このとき正常でない酸性の血流が全身を回ることになる。心のもち方が体全体に大きく影響することは明らかだ。

古代ヨガは言う。「たとえ身に病ありとても心まで病ますまい。たとえ運命に非ありとても心まで悩ますまい」と。

泣きたくなったら、全く別の見方が出来ないのか。腹が立ったら、逆の立場ならどうなのか。

恐れることがあったら、開き直って別の突破口を考えてみよう。

コロッと観点を変えてみたとき、全く別の世界が見えてくることがある。

ちょうど、暗い部屋に入って電気のスイッチをつけると、暗闇は一瞬消えて明るい部屋となるように、心のスイッチをつけて、コロッと変えてみることだ。

やるかやらないか。いかなることがあっても、心を積極的肯定的に向けるように日頃から習慣づけることが大事である。

6章

あなたは一人ぼっちではないはず

「お前は病んでるな?」カイロのホテルの食堂の一隅で、天風先生はインドの一老人と言葉を交わした。「お前は生きたいと思うか?」「生きられるものなら、生きたいです」苦しい呼吸の中でやっと答えた。「私について来なさい」「お願いします」と考える間もなく言ってしまった。カリアッパ師との出会いである。

縁というものは、
偶然の形をとるが、
全体からみれば必然のドラマだ。
それを生かすか生かさないかで
大きく違ってくる。

会社で管理職の欠員ができたので、だれかを抜擢する必要があった。
A君にしようかB君にしようか。リーダーとしてはいずれも一長一短があった。迷った揚句、真面目で落度《おちど》の少ないA君を抜擢することにした。

翌日、A君を呼んだ。彼は休んでいた。次の日、またA君を呼んだ、今日も風邪で休みという。仕方ないのでB君をよんで、二、三話をした。その場でB君を起用することにした。その後、B君はトントン拍子に出世したが、A君はようやく課長まできて、リストラで去って行った。

運といえばそれまでだが、B君は、多少落度《おちど》はあったが、明るく愛敬《あいきょう》があった。そして、ポストが変わるたびに、それを跳躍台にして粉骨砕身、自分を磨き上げ、その都度機会を生かして、とうとう大物といわれるまでになった。

原因があって結果がある。その間には縁というものが存在する。縁は偶然の形をとって突然現れたりするが、いい縁は育てなくては消えていく。健康であることも、縁を育てることも、自分の責任。育てても消えていくのは、縁の無いものと思えばいい。

大僧正の池口恵観師は、「光のあるところには、いいものが集まります。光の無い所には、暗いじめじめしたものしか集まりません」と言う。

いい縁に巡り合い、いい縁に育てようとするならば、自分が光の源となればいい。

自分の心の状態で、他人の心の態度を推し量ってはいけない。

「ご結婚相手は、どんなお方を望まれますか」

かつて皇太子が独身の頃、記者会見での質問だった。皇太子は、ちょっと考えるような仕草をして静かに答えた。

「そうですね。少なくとも同じ価値観をもつ人がよろしいのではないかと思います」

世の中には色々な性格があって、色々な感情の持ち方もあり、さらに色々な体質があって、色々な人がいる。それが普通であり、それが自然なのだ。しかし人生の伴侶として共に生涯を過ごそうというのなら、せめて価値観は共通できるものの方が、円満というものだ。それというのも、全く違う性格であっても、価値観が同じなら、二人は新しい発見と感動を共有することができる。

全く同じ性格であれば、お互いがわかりすぎてゆとりがなくて、かえって傷つけ合ってしまうことがある。

磁石のNとN、SとSが出会えば、互いに反発し合うようなものだ。

反対に全く性格が違う者同士が出会うと、NとSのようにかえってしっかりと結び合える。

それが同じ価値観を共通している場合はさらに強力となるだろう。

価値観が同じといっても、それぞれの人が持つ心の物差しはみんな異なるものだ。

それはちょうど、自分と同じ顔をした人が、この世界にいないと同じように、同じ心の物差しをもつ人はいない。

だから人を見るとき、自分の心の物差しで、相手の心を測ろうとすれば、すべて寸法違いとなるのは当然だ。

自分の物差しに合わないからと非難すれば、すべてに角が立つ。不満がつのり、喧嘩となり、悲哀が残り、やがて諦めとなり、離別が待っているだけとなる。

人間はだれでも、自分の心に地図を持っている。そして人はいつも、自分の心の地図の上を歩き続けようとする。

行動科学者・嘉味田《かみた》朝功《ちょうこう》氏はこの心の地図の構成要素を、心情、目的、義務感、価値観、自己観、経験則の六つとした。嘉味田氏は、人は決して他人の介入によって、自分の地図を変えることはない。

唯一、変える可能性があるとすれば、本人自身による新しい体験をもった時であるという。

どうしても相手を変えさせようとして、その相手に新しい体験を強制させればかえって逆効果となる。

最も自然で円滑に事が進むには、相手を変えようとする前に、まず自分自身のあり方とやり方を変えてみることだ。

その変化を受けて、相手が新しい体験をもったとき、いつのまにか相手は新しい地図の上をあるいていることになる。

元東京大学教授で脳研究の先駆者である時実利彦氏によれば、異質な者同士が一致するには、本能の共有化が大切と説く。

一つは、個体維持本能。たとえば寝食を共にすること。

二つは、集団維持本能。共通の目的をもってその達成に心を一つにすること。たとえば、企業対抗のスポーツや、夫婦協力し合って家を建てようとするときなど。

以上の二つが一般的で、NHKの「プロジェクトX」にみられるチームワークは、この二つの本能を活かしているといえる。

三つ目は、種族維持本能。これは夫婦の間でしか出来ない。


こうしてみると、新しい地図に塗り替える方法は、相手が納得して新しい体験を取り入れるか、本能の共有化による共通体験の機会をもつということになる。

事実は必ずしも真実ではない。しかし人間は、自分の体験した事実についこだわりをもつ。

そういう経験、知識にこだわり、とらわれれば、頑固となる。自分の経験、知識の中だけにしか通用しない論理を、一般化して、すべてを評価し、判定をしてしまうことがある。「私も経験したから」ということが殺し文句となる。

殺し文句を生かし文句に変えるには、まずまごころをもって、相手を思いやる優しさからくる共感の社会を共有することだ。

他人の落ち度は許すより忘れてしまえ。

映画、『戦場にかける橋』は、アカデミー賞をとった名画だ。大東亜戦争のとき、クアラルンプールの山奥で、日本軍の捕虜となった英国の兵士たちによる橋架建設の実話物語である。

過酷な条件の下で、ようやく橋は完成するが、日本軍の軍用列車を妨害するために、せっかく造った橋を、英国捕虜たちが自らの手で爆破するというシーンは誠に印象深いものがある。

平和の時代になって、この時の日本軍の生き残りたちが、英国へ行って当時の捕虜たちと会って、共に平和を祈願するという企画があった。

その時、受け入れ側の英国側から丁重な断りがあったという。

新聞報道によれば、「あのときのことは、私たちは決して忘れません。しかし、私たちは許します」ということだった。

「決して忘れません。しかし許します」ということと、「許すも許さぬも、(あの時には互いに生きるか死ぬかの戦争をしていた時だ)すべて忘れましょう」ということの間には大きな開きがみえる。文明の違いだろうか。

わが国には、古来より神道に「みそぎ」ということがあり、今も行われている。禊《みそぎ》は、罪やけがれを祓《はら》うために川や海で身を洗い清めることだ。

もうひとつ日常的に「水に流す」という言葉が使われている。水に流すとは、過去のことをとやかく言わずに、なかったことにするという。

禊祓《みそぎはらい》は、自分の罪、けがれを除いて、自分の身も心も清めることだが、水に流すというのは、自分のためというより、相手の心に思いをめぐらせて、相手のために都合の悪いことは忘れてあげるということだ。そこには慈悲の面影がある。

決して相手の頭を殴っておいて、忘れろというものではない。

受けた嫌なことは、いつまでも根に持たずに忘れてしまった方がよい。

許すとなれば、許す者と許される者との立場は全く別のものとなったままだ。裁く者と裁かれる者と変らない。それは西洋流にいえば、神と人間の間のみにあることだ。

人と人の間では、一方では禊祓があり、他方では水に流して忘れてしまう方がよほど温和で平和的である。忘れるためには、心の切り換えが大事である。

「心ここにあらざれば、見れども見えず。聞けども聞こえず」の通り、心のスイッチを切り替える。

こだわりととらわれを捨てて、まず自分自身を新しい目で見ることだ。そして相手をみるとき、きっと何かが発見されることになるだろう。

人間は、その存在自体に郷愁に似た寂しさがある。だからこそお互いの関わり合いを大事にしていこう。

インドのカルカッタ。その鉄道駅のプラットホームは、たそがれ時の雑踏でにぎわっていた。やがて列車が軋《きし》むような音を立てて入ってきた。いっせいに乗客が溢れ出た。それと引き替えに、どこからともなく現れた十数人の子供たちが次々と素早く列車に乗りこんだ。

暫《しばら》くして空のペットボトルを、抱えるだけ抱えて出てきた。子供たちは、プラットホームの端にある水道栓の所に群がって、互いに助け合いながら、水を入れていた。ようやく私も列車に乗った。座席に坐ったとき、先程の子供たちがペットボトルの水を売りにきた。

悪びれず、目がキラキラして、列車の出発間際まで一所懸命に売っていた。家に帰って今日一日の売り上げたお金を、お母さんに渡すのだろう。小さな妹たちが待っているのかもしれない。子供なりに一所懸命に生きているのだ。助け合って生きようとしている。

この子供達もやがて家族から離れてひとり立ちする時が来よう。そしてまた家族のために生きていく。

生まれるときは、迎えてくれるだれかがいる。生きて、働いて、泣いて笑って、生き残ってやがて死んでいくとき、死出の旅路はいつだって、だれだって、ひとりぼっちなのだ。

あれほど気丈で信仰心の篤い、ほとけ心をもった私の母は、ガンで息を引きとるとき、「父さん、一緒に死んで」と言った。そのことが今も痛く私の心に突き刺さる。

父は、枕許で母の手を握りながら、「般若心経」を唱えた。母の目からひとすじの涙がこぼれた。何度も「般若心経」の読経がくり返された。

だんだん母の顔に安らぎの表情が見えた。そして…眠るように母は息をひきとり、死出の旅路に立った。

人はだれでも、どんな全盛期でも、フと気づくと、そこに死の陰をともなっているものだ。

死と死の間、生かされてあるこの生命を、生きて生きて生き抜いていく姿に、人は温もりをどこかで求めているものなのだ。

がんばらなくてどうする、
甘えちゃダメだよ。
乗り越えるんだ。
山の向こうの夢を、
しっかりみつめるんだ。

『初めてのお使い』という子ども主役のテレビ番組がある。幼い姉と弟が母親に頼まれて初めて遠い所へお使いに行くのだ。

渡されたメモを見ながら、二人はたどたどしく歩く。不安ながらも、何となく二人は助け合って行く。

ようやく目的地に着いた。言われたとおりの買い物をすませて、二人は家路についた。荷物は予想通りに重かった。道が違っていることに気がついた。姉は焦った。弟はぐずっていた。

姉は、荷物と弟をかばいながら、さまよい歩いた。夕色は濃くなった。家々には灯りがつき始めた。荷物の紐がほどけてこぼれ落ちた。姉が散らばった荷物を拾いあげているときに、弟は泣きながら一人で歩き出した。

姉は荷物も弟も気になりながら、心細くなって泣き出した。ようやく荷物を両手に抱えて、気をとりなおして、やっと弟に追いついた。

「ヨイショ、ヨイショ」顔中を涙だらけにした姉は自分を励ますように声を出した。弟は坐り込んだ。姉は、荷物を持ち直して、片方の手で弟の手をとり引き起こした。

「がんばれ！」。テレビを見ている方がつい声を出したくなる。

姉は、「ガンバル、ガンバル」と言いながら目に一杯涙をためて、歯を喰いしばりながら歩いた。

ついに家の灯りが見えた。母親が家の前に立っていた。姉と弟は勢いづいて、やっと母親の懐にとびこんだ。役目を果たしたあとの二人の笑顔が美しかった。

「がんばって！」「がんばるんだ！」「がんばれよッ」。こうとしか言いようのない時がある。

友人の妻が、癌で七度目の手術をすることになった。まだ幼い子が三人もいる。そのため一日でも長生きしなくてはと、医者の言うなりに手術を繰り返してきた。

これから入院しようとするとき、言うべき言葉を失った。

結局、万感の思いを込めて「がんばって下さい」としか言えなかった。「はい」、そのとき見せた笑顔が淋しかった。

たしかに「がんばれ」と言われても、どうがんばればよいのかわからない時がある。また、さんざんがんばってきて、まだこれ以上さらにがんばれっていうのかと言いたい時もある。

あるいはまた「がんばれ」と言われるたびに、かえって本人には強烈なストレスを増やすことになることもある。

このため「がんばる」という言葉はいけないという人がいる。「がんばれ」というかわりに、「がんばらなくていいんだよ」という方がよいのだという人がいる。その気持ちはわかる。

しかし、七度目の手術のために入院しようとする壮絶な奥さんに「がんばらなくていいんだよ」とは、やはり言い難い。

その心情を察するとき胸の張り裂けるほどの切ない気持ちだが、万感の祈りをこめて、心の奥から出てくる言葉は「がんばりましょうね」っていう言葉しかなかった。

ここでもう少し「がんばる」という事を考えてみよう。
(一) 難関の外国留学試験に合格した。「さあ、これからやるぞ――」という。まさに青雲《せいうん》の志を胸に、いよいよ日本を離れるとき、無事と成功を祈って、万感の思いをこめてわが子に贈る言葉は、「がんばれよッ」。
(二) スキーの回転競技に参加した。一つ二つ三つと快調に回転して、四つ目にさしかかったとき、不覚にもバランスを崩した。危いッ!

スピードは出たまま。転倒ということが一瞬頭をかすめた。ダメだッと思ったその時、「頑張れッ」、怒鳴り声が突んざくように耳に来た。反射的に膝に力が入った。ほどんど倒れていた体が持ち直せた。

「やるぞ――ッ」。あとは無我夢中。スピードが変らないままゴールに突入した。

（三）最近、仕事上のトラブルが続いた。職場の人間関係も決して愉快なものではなかった。上司は、アラ探しばかりをしているようだ。

こんな時に限って足をひねって捻挫してしまった。自信が失くなった――。自分の人生の先が、か細く見えた。孤りぼっちで深い淵に落ちていくようだ。

そんな姿をみて、あるとき同僚が言った。「色々あるのが人生さ。まあ、思い直して頑張るんだナ」。

色々な「がんばれ」があるものだ。いいタイミングに、ぐっとくるものもあるが、また外交儀礼的な無責任なものもある。また親切のつもりで言ったことが、言われた本人の感情を逆撫でしてかえって心を傷つけてしまうこともある。

がんばれというのは、無理を強いることなのだろうか。また自分を追いつめる言葉なのだろうか。

自分が、自分の生命の主人公であることに気づいたとき、生命のもつ輝きを知ることになる。なぜなら、生命は、本来、誠と愛と調和の中で支え合っている。

枯れ木の幹から、若緑色をした小さな芽が出て、風に揺れていた。

「朝顔の釣瓶《つるべ》とられて貰《もら》い水」、江戸中期の女流俳人、加賀千代女《かがちよ》は、朝顔の蔓《つる》の伸びゆく生命力のみづみづしさに目をみはった。

蜂も蟻も一所懸命に生きている。渡り鳥も生き抜いている。生命の姿は、この地球上での三六億年間、どんな環境にも耐えて、生きて生きて生き抜いている。

その生命の流れの中に、私の命もある。生きとし生けるものみな、生命の実相は、光と愛と力を受けて、それぞれの立場で、生命力を遂行すべく、がんばっているのだ。

千代女の〝貰い水〟の心こそ、光であり愛であり、また力を支える思いである。その思いのエネルギーをひと言で表現しようとすれば、「がんばってネ」。

孔子の論語の中で、人間の一生の行動を通して、守るべき大切なことを一言でいうならば、それは「恕《じょ》」というものだと教えている。

恕というのは、自分のことと同じように相手のことを思いやり、いつくしむ心をいう。

「がんばれよ、がんばれッ、がんばるんだよ、がんばりましょうね…」。色々な言い方はあるが、大切なことは、相手の心の痛みを知って、わが思いの引き裂《さ》かれる切《せつ》なさを感じつつも、それでもなお、なんとか恵みが注がれ、相手の、あるいは自分自身の望みが適《かな》えられる事を祈るときに、思わず口をついて出る言葉こそ、「がんばらなくちゃ、がんばって、がんばろうね、がんばって下さい――」ではないだろうか。

「ガンバル」というのは、〝恕〟の心をもって発せられたとき、何ものにも勝《まさ》る美しく温かく力強い言霊《ことだま》のひびきとなるものと思う。

従って、がんばることは、相手に、悲壮な覚悟をさせて、顔をしかめて、力《りき》んで、真っ赤になって、思いつめさせることではない。

がんばらせるのなら、心からの祈りをこめて、光と愛と力を一杯に満たした酒杯を、ささげてあげたいものだ。

積極的に生きるとは、競い合うことではなく、肯定的に生きること、それは愛に通じるものです。

厚かましく図々しく強引で、何でも押し通して行こうとするのは、積極とはいわない。こういう人は、自分のことしか考えない。恥知らずで、エゴ（我《が》）が強いだけの人だ。

また事の善し悪しを考えることなく、自分の都合の好いように解釈して猪突猛進、向う見ずに突っ走っていくのは、積極ではない。こういう人は、ただ蛮勇を振り回しているにすぎない。

さらに、相手より儲けたい、相手より成績を上げたい、相手よりきれいになりたいといって頑張るのは、頑張らないよりましだが、積極とはいえない。

いつも相手を意識しており、相手を意識している限り、心はつねに相手に傾注し奪われたままで、自分を失ってしまう。

こういう人の姿を相対的積極とよんでいる。

真に積極的に生きるということは、絶対的積極の心で生きることだ。絶対的積極とは、絶対の存在である宇宙真理を基準とし、宇宙真理に即して生きることである。

宇宙真理の姿は、真と善と美である。それは私達の日常生活のレベルで言い換えれば、誠と愛と調和である。従って宇宙真理に即した絶対積極の生き方とは、誠と愛と調和の心をもって生きることである。

誠は、言葉と心が一致することである。誠は信に通じる。信は言行に矛盾なく疑わないことをいう。そして誠はまた真言《まこと》でもある。それは真実の言葉、真理の言葉であって、絶対的な宇宙真理との言行一致をいう。

自然は決して偽わることはない。

愛は、言葉の原義からいえば、ひそやかにめぐむ心の働きである。ひそやかとは、他人に目立たせることなく、自分のこととして、自らの犠牲によって行なうことである。余った物をめぐむのは愛の行為ではない。自分の思考や欲望を満たすことは愛ではない。

自分の損得を抜きにして、肯定的に相手を受け容れる心、いたわる心、思いやる心、情けの心、ものをあわれむ心、慈悲の心である。自然は、太陽の示すように全てに公平である。

調和は、全体がうまくつり合い整っていること。世の中には色々な人がいる。しかもひとりの人も、その時その場所その状況によって、様々に異った、時には矛盾した行動に出ることもある。

今日、一人一色《ひといろ》でなく一人十色《といろ》の時代だ。従って十人いれば十人十色《といろ》でなく十人百色となる。

調和は、十人を一色にすることでなく、十人百色を、ほど良い加減をもってうまくつりあうように和らぎ合い、整えることである。ほど良いというのは、うつりが良いということであって、それは譲り合う心から生まれるものだ。

絶対的な積極の心をもって生きるには、日頃よりいかなる場合であっても、明るく朗らかに生き生き溌剌颯爽と、強く正しく清く尊く生きることだ。

強くとは、何事も肯定的進取的な言動をとること。

正しく清くとは、心身を統一して、自然法則と順応して心身一如の生活様式を築くこと。

尊くとは人の喜びをわが喜びとして生きることである。

このような積極的な生き方を全体的に表現すれば、「気に入らぬ風もあろうに柳かな」と中村天風は言う。

夕べに涙を流しても
太陽の出ない朝はない。
寂しさに打ち勝ちなさい。
あなたは、一人ぼっちではないはずー。

日本の国技である相撲界は、過去に何度かの盛衰を経て、いま改めて変換期にきているようだ。

かつて二子山部屋が全盛を極めた。若の花関と貴の花関の兄弟が共に横綱となった。

同じ部屋で同じ時期に兄弟が共に横綱になるなどは、およそ前代未聞の快挙だろう。

しかも一門の力士には、貴闘力を始め錚《そう》々たる力士が揃って、他の部屋を圧倒していた。

このままではあまりにも偏り過ぎて、相撲が面白くなくなると心配した人たちもいた。

やがて仲よしとみられた兄弟横綱の間で不仲説が流れ、テレビでその現場を見せつけられた。

また想像もしていなかった親方の離婚が、夫人の不倫問題と共にマスコミに騒がれた。

そして二人の横綱は次々と引退してしまった。

振りかえればあっという間の出来事だった。

「夏草やつわものどもが夢の跡」（芭蕉）。走馬燈のように過ぎて行った。

いま、二子山部屋はなくなった。

まさしく有為転変、絶えず生滅して常に移り変る世の中である。

人生には波のように浮き沈みがあるようだ。浮きっぱなしや沈みっぱなしは無い。

しかし浮き上がっていく時は、いつまでも舞い上がっていくような気がする。

この時こそ、自分ひとりの力でなく、色々な人々のおかげがあることを感じ取り、この恵まれた条件下に生かされてある意味を自覚することを忘れてはならない。愚かな人は、ここで奢り高ぶり狂ってしまう。

沈みこめばいつまでもいつまでも滑り落ちて奈落の底へ沈んでいくような気がする。ひとりぼっちで寒々しい。もう何も見えず何も聞こえなくなる。

この時こそ、「ちょっと待った！」。

時は巡る。太陽の出ない朝はないことを信じて、グッと足を踏ん張ろう。

自分を救うのは自分だ。しっかり自分を抱いて、思いきり心を開いて周囲を見よう。耳を傾けてみよう。

ひとりぼっちでないことを感じたとき、心に萌《きざ》しが生まれるのだ。

かつて家内がインフルエンザに罹って緊急入院した。病気で入院するのは結婚以来初めての出来事だった。

同時に末の娘もインフルエンザで入院した。続いて上の娘も感染したが、誰もいない家の中でひとり寝ていた。

仕事で長い出張から帰ってきた私はびっくり仰天、慌てふためいた。

病床で家内は事の重大さに心を痛めた。自分の病気、娘たちのこと、学校のこと、家のこと、私のこと、これから先のこと…に思いが走り、すっかり落ち込んでいた。

病窓の夕日が消え入るように沈んでいくのが、一層物悲しかった。「どうなるの、どうしよう?」スーッと涙が流れた。

そのとき、年輩の看護婦が入ってきた。家内の様子を見て言った。

「元気を出しなさい。病気は治りますよ。いつか『あんなこともあったわねぇ』と言うときが必ずくるから、しっかりして下さいよ」。

衝撃のようなこの言葉に、家内は縋りつく思いだったという。

「あーそうなんだ。いつかきっとそうふりかえられる時がくる…」。

そして家内はこのひと言で勇気が湧いて甦るように元気になっていった。

人は生きている限り、いつもだれかのおかげを受けているのだ。この地球上に、いまというこの時に、生命を得て生かされ生きている。

生まれた瞬間から、色々な人たちからのおかげを受けている。ひとりぼっちでなく、色々な「ご縁」を受けて、泳ぐように生きている。

家族、身内、友人知人、袖の振合う人も全く知らない人とも、何らかのおかげを受けて、どこかで支え合って、知らず知らず生きているのだ。

「万人は一人のために、一人は万人のために」。

人としてこの地球上で生きとし生けるものの間にあって、共に生きている。そう思ったとき、少しは温もりが感じられないか。

「寂しさに　打ち勝つ者は　磨かれる」(王麗華)。

7章

家族とは、神が定めた修行の場

中国大陸の寒村の外れにちいさなあばら屋があった。天風先生は軍事密偵として数名の部下と共に潜んでいた。不覚にも匪賊の一団に包囲された。夜明けと共に来るだろう襲撃に備えて部下たちは緊張した。天風先生は柱にもたれて目をつぶった。母の匂いがした。母の膝を枕に横になった。母の温もりが体を包んだ――。突然、銃声がした。ハッと目覚めた。母が呼んだような気がした。結局、天風先生だけが生き残った。

感謝に値するものがないのではない。感謝に値するものに、気がつかないでいるのだ。

夕方駅から出ると、いま一緒に電車から降りてきたばかりの中年男が公衆電話をかけていた。

「俺だッ、いいか」ガチャン。電話はそれだけだった。こういう人が家に帰ると、きっと「ただ今ァー」とは言わないのだろう。「帰ったゾ」、「メシだ」、「新聞ッ」、「風呂ッ」、

「寝るッ」、「グァーッ」とあとは大いびき。

　こういう人が、定年退職後の、高齢離婚予備軍なのかもしれない。

　夕食のとき、妻の手作りの料理がテーブルにいっぱいに並んでいた。亭主は黙々と食べていた。

「ねえー」、

「――」、

「ねえ、おいしい？」

「――」、

「ねえ」

「うるさいな」

「おいしいのって聞いてるのにー」

「まずいときにはまずいッと言うよ」

「――」

　二人を包む空気もテーブルの料理も時間がとまったように静かに冷えていった。

かつて精神科医の斉藤茂太氏は、ボケの最大の防御は、感動する心を失わぬことだといった。それには常に喜びと感動の言葉を口にすることだ。

勤めから帰ってくる。妻の作った夕食。まず味噌汁をひと口。

「おー、うまいッー。やはりわが家の味噌汁はうまいなあー」

喜びと感謝をこめて。（ウソでもいいから）言ってみな。妻の顔は思わずほころんで、この世で一番美しい笑顔を見せてくれる。

娘夫婦がやってきた。母親は、若いのだからといって、たくさんの料理を作って出した。

娘婿は、ひと皿ごとに大きな声で「これはうまいッ」、「ウムこれはすごい」「おいしい、おいしい」と言って片っ端から食べ尽くしていた。

本人も娘も母親も、家中が明るく楽しく幸せに満ちていた。

家族とは、神が定めた修業の場だという。自己の成長のスタンスがそこにある。

おやじがいて、おふくろがいて、この自分がいる。時には、兄がいて弟がいて、姉がいて妹がいる。また夫がいて妻がいる。婿どのがいて嫁御がいる。孫もいる。みんな家族なのだ。最も身近かで、全くかけがえのない血縁の関係集団だ。

ひとつ屋根の下で、家庭が営まれ、家族が育つ。夫婦、親子、兄弟姉妹は、いやが上にも、環境を共有し、お互いに影響し合い、共に成長していく。家族には、それぞれの生き方の外側も内側も無条件に受け入れてくれる包容力と安心感がある。

そのような日々が重ねられていく過程を、お互いに共有する事実が「時の重み」をもって厳然と存在する。そこには他所者《よそもの》の入り込む余地はない。血は水よりも濃いのである。

しかし夫婦といっても、元は赤の他人。兄弟といっても、兄弟は他人の始まりという。家族とはいえ、個々のひとりひとりは、個性もあり、人格をもった人間である。幼児ですら、すでに我《が》を主張する。互いに意のままにはならぬ。

さらに身内であればこそのわがままも出、甘えも出てくるが、夫婦、親子といえども、親しき中にも礼儀は必要だ。

家族の間とはいえ、本音も立て前も無視はできないのだ。従って家族の中でも、互いに自分を律することを忘れてはならない。

律するとは、ひとすじの道を守る、すなわち人間として信念のすじみちを基準として自らに課すことである。

その上で家族は、心身共に自分を解放することの出来る場となる。それを認め合い包み合う場なのだ。そういう家族の中に居て、夫婦、親子の人間関係を営み、その中であからさまにさらけ出す自分自身を、真っ正面に見つめる機会となる。

日々の家族関係の中で、私たちは、自己抑制を知り、他者への思いやりを覚え、人としての正しいすじみちを学び、礼儀作法を仕付けられ、物事の是非、善悪の区別を弁《わきま》え、言葉の使い方を身につけることになる。

そして向う三軒両隣りの近所付き合いを大事にすることから、他人との関わり方を知り、コミュニティへの拡がりの中で、社会と人間の正しい関係を育てていくことになる。

斉家《せいか》という言葉がある。家庭を整え治めるという意味だが、中国の古典にある「修身斉家治国平天下」（『大学』）から出た言葉だろう。まず自分の身を修め、家を整え平和にして初めて、国が治まり、天下が治まるということだ。

いま家庭崩壊が叫ばれている。すでに社会が荒れ、国が乱れている。そして国を治める政治家たちの家庭すら整っていないのが多い。

家を整い治めるのは、父の仕事でも母の仕事でも、夫でも妻でもなく、家族ひとりひとりが、その主人公であるのだ。

易経に「父父たり子子たり」と言う。家族の者ひとりひとりが、それぞれに分を守り、なすべき事をすれば、一家は乱れることなく平和を保っていくことが出来るということだ。

縁があって、夫婦となり、子を授かり、親子となり、ひとつの家族が形成されていく。夫婦は、元は赤の他人というが、ただの他人ではない。同じ赤でも、赤い絆によって結ばれた他人なのだ。中には、赤いと錯覚して飛びついた慌て者もいるかもしれないが、それも縁。みなそれなりに意味があるのだ。

縁は、「神が定めた」ものとみれば、積極的肯定的に受け入れて、一回限りの自分の人生にとって、この家族としての出会いを、自分も相手もお互いに意味あるものとして、大切に担っていきたいものである。

（註）「家族とは　神が定めた　修業の場」（王麓華「桃源経」91より）

歳月は過ぎて、年々小さくなっていく父と母。子供の頃、注いでくれた愛情を、いま注がせていただく。

「たわむれに　母《はは》を背負《せお》いて　そのあまり軽《かろ》きに泣きて　三歩《さんぽ》あゆまず」

中学の国語の時間に習ったこの啄木の短歌を、今も鮮明に覚えている。

学校を卒業して、社会に出て、久し振りに郷里に帰って父母に会う。心なしか老けゆく両親の姿を見て、愕然とする。特に母が小さく見えるのが、辛く淋しい。

私の母は、北陸の出身で色が白く文学少女だった。兄を慕って横浜に来た。そして関東大震災にあって九死に一生を得た。着のみ着のまま神戸に出て結婚した。私はそこで生まれた。

私が小学校一年生の時、神戸の大洪水に見舞われた。私の家の一階は完全に浸水し手がつけられなかった。そして大東亜戦争に突入した。アメリカのB29による空襲を受けた。父や母にしがみついて逃げ回った。何度もダメかと思った。家は焼け落ちた。神戸は見渡す限り焼野原となった。

母はよく言ったものだ。「大震災と大洪水と大空襲を受けて助かって来たんだから、そう簡単には死なないわ」と微笑んでみせた。

その母が、思いがけなくガンになった。神戸にいた母は、息子の所で養生したいと、わざわざ東京の私の所に来た。そのとき、母の姿があまり小さいので心を痛めた。

やがて母は、意外にも早くガンで逝ってしまった。何もしてあげられなかった。正直、私は心に憤りを感じた。信心深く、皆から仏様のようだと慕われ、あんなに人のよい世話好きな母がなぜ――？　神様がいるのなら、どうしてもひと言ふた言、言いたいことがあるのだ。

また私の身近かにこんな話がある。大東亜戦争の最中、幼い子供達は縁故を頼ってそれぞれに疎開した。都会の親から離れ、緊張と不安の中で、子供たちはそれなりに苦労をした。小学三年生の女の子がいた。慣れない田舎での暮しの中で病気になった。高熱が続いた。親が呼びもどされた。危ないかもしれないと親戚の者たちも集まった。医者は宣告した。「今夜がヤマ場です。しかしこれだけ高熱が続いたので、もし熱が下がったとしても、脳膜炎の可能性が大きいです」

どちらにしても、もとの元気な姿にもどることはほとんどないという。すっかり脳を冒されたわが子の姿を想像して、母は健気にも覚悟を決めた。一人去り、二人去り、親戚の見舞客は帰っていった。

父親が一人残った。薄暗い裸電球の下の蚊帳《かや》の中で、女の子は赤い顔をして、昏睡状態のまま息遣いだけが荒かった。父親は七輪に火を起してアルミの洗面器に水を一杯入れて湯を沸かした。湯気が徐々に部屋に拡がった。

父親は横になって、しっかりと娘を抱きしめた。火のように熱い体を、父は懸命に抱きしめて、つめたい水でしぼった手拭いで頭をひやし、全身でその熱を吸い取ろうとしているかのようだった。そうして父は必死に祈った。

チリチリと沸く湯の音と昏睡状態の娘の荒い息づかいが、静かな夜の部屋をおおった。父親は、娘に頬すり寄せて抱きしめて祈るしかなかった。覚えている限りの色々な神様仏様に祈りすがった。さいごには神様も仏様もなく、ただ祈りに祈って、すべてのものにすがって祈りつくした。懸命に懸命に懸命に——。

フト気がついたら、雨戸の隙間から朝日が射し込んでいた。そのとき、娘の声が聞こえた。「母さん、お腹空《なか》いたよ——」。どっと父の目から涙が溢れた。助かったのだ！「母さん、母さん」と父は叫びながら母さんを呼びに行った。——これが父親なんだなあ。母の愛は有形で暖かいが、父の愛は無形でいぶし銀のようで無償の行為となる。このときの少女はいま画家として活躍している。

父と母。いずれは自分たちもその道を歩んでいくことだ。私にとっての父も母も、今はもう居ない。もっと優しくしてあげればよかったという思いが、今もなお心によみがえってくる。「孝行をしたい時分に親はなし」とは、よく言ったものである。

都会ではカラスが嫌われている。毎日出される生ゴミの袋を、雑食性のカラスが喰い荒らすから公害だと人間は言うのだ。カラスだけが悪いのだろうか。

記紀伝承によれば、カラスは「八咫《やた》の烏《からす》」といって、神武天皇の東征の時に先導をしたと伝えられ、熊野の神とされている。また中国では、「カラスに反哺《はんぽ》の孝あり」という言葉があって、カラスのことを「孝烏《こうう》」または「孝鳥《こうちょう》」とよんでいる。

カラスはひなの時に養われた恩返しに、口中の食物を親に口づたえに与える孝があるということである。子が成長して親の恩に報いるたとえに言われている。この情愛を「烏《う》鳥《ちょう》私《し》情《じょう》」という。カラスでさえ孝心をもつ。まして人間は親に孝をつくすことの心がけを示すものである。

ことわざに「孝の道は美しく、百行の本」というが、わが子に美しい道を歩ませようと願うのなら、孝の道を歩む親の姿を、子に見せることである。

日々私は新しく生まれ出て、朝ごとに蘇《よみがえ》っている。

毎夕、妻の手料理のひとつひとつに、「うむ、おいしい、おいしい」と声をあげて喜びをみせる夫は、きっといつも新鮮で心を動かすような出会いをもっているように想像できる。

一方、妻の問にも答えず無言で味噌汁をすすっている夫。

この夫は、内に居ても外に居ても、何の変化も感激もない日々を送っているような気がする。

「苟《まこと》に日《ひ》に新《あら》たに、日々《ひび》に新《あら》たに、又《ま》た日《ひ》に新《あら》たなり」という言葉がある。何の変わりもないようであっても、一日が経てば、一日分の時を刻んでいる。

となれば、一日分の変化があり、変化した分の影響を受け、一日分の出会いがあり出会った分の発見があり、一日分の学びがあり、学んだ分の成長がある。

生かされている生命を持って、真剣に生きていく自分にとって、今日の一日は単に昨日の一日の繰り返しではない。生命の姿が絶えざる進化と向上にあるのなら、私の一日一日の生きていく姿も、進化と向上の道の上にある。

たとえ日常の繰り返しの業務の中にも、昨日と違う何かがあるはずだ。たとえ身に余る困難に遭遇しても、人間の心の内奥に存在する潜在的なエネルギーが発動するとき、人間は思いがけない力を発揮するものだ。

一日の仕事、それがどんなことであれ積極果敢に、身も心も打ち込んで為《な》し終えた後、わが家に帰り、今日一日の遂行感を全身に受けて、ベッドに身を横たえる。一日の仕事に誠心誠意出しきった体の中は、空っぽだ。ぐっすり前後不覚に寝ている間、夜空の宇宙から日、月、星のエネルギーを全身に受け入れていく。

ちょうどエネルギーが満タンになったとき、パッと目が覚める。雨戸の透き間から朝日が射し込んでいる。朝だ。「われは今まさに甦り」の一瞬である。

さあ、一日が始まる。「お早よう！」。その顔に微笑みが甦る。毎日どんな朝を迎えるかで、その人の一日がつくられる。

睡眠は一種の死の疑似体験でもある。一日には、太陽の輝く生命の躍動の時間と、月と星の輝く生命の静謐の時間とがある。生と死、その間にあって、再生復活の時を創るのが睡眠という恵みの時である。

何もかも忘れて、ただひたすら喜びと感謝をもってぐっすりと眠ること。眠るときになって、昼間のわずらわしい事を、ワザワザ思い浮かべて、ベッドの中で怒ったり悲しんだりしている人がいる。このような人は、夜、日月星のエネルギーどころか、死神に抱かれているようなものだ。

事をなす時はいつも、はっきりした気持で真剣に取り組み、喜びと感謝の気持を失わぬ限り、人間は毎日毎夜、宇宙の新鮮なエネルギーを補給されて、朝を迎えるのだ。「吾は今、新しき元気をもって甦り」。

8章

言葉によって心が生きる

医者が診察をした後で、「それでは注射一本、打っておきましょう」と言った途端、痛がるあわて者がいる。「いい微風《かぜ》だ」と言えば、「この風が曲者よ。これで風邪ひく人が多いから」と言う。「この野郎ッ」と語気を荒めたら、本当に腹が立ってくるものだ。ひと言多すぎて人を傷つけもするが、ひと声かけたために救われる人もいる。

とにかく今日一日、お互いの気持ちに勇気をつける言葉、喜びをわかち合う言葉、聞いて何となく嬉しい言葉をお互いに言いあおうじゃないか。

「やあ、お久し振りです。お元気ですか」
「いや、それが……あまり元気とはいえないんでねェ」

「どうなさったんですか」

「ここんとこ、食欲がなくて。ちょっと、体調を崩してるんですよ」

「ほう――。そういえば、お顔の色が悪いですね」

「やはり、そうみえますか――」

呻くように相手のお客はそう言ったまま、がっくりうなだれていた。二人の間に気まずい空気が走った。

もし別の人が応対していたらどうだろうか。

「やあ、お久し振りです。お元気ですか」

「いや、それが……あまり元気とはいえないんでねェ」

「どうなさったんですか」

「ここんとこ、食欲がなくて。ちょっと、体調を崩してるんですよ」

「ああそうですか。それは気候のせいってこともあるんですよ。私もこの間、クリニックへ行きましたよ。大勢の人がいましてね。医者が言ってましたよ。太陽の黒点とか気圧とか、そんなせいもあるんですって。いま、貴方の掌《てのひら》を見てますと、全体が桜色できれいではありませんか。健康な証拠ですよ」

「ほう――、そうなんですか」

相手のお客は、安堵したように自分の掌をみつめていた。そして心なしか目に生気がよみがえった。

何気ないひと言が、相手を傷つけたり、相手を奮《ふる》い立たせたりする。どんなベテランでも、自分のした事、自分に関する情報は気になるものである。

昔、軍隊では講評するときひとつの決まりがあったという。「本日の成績は、おおむね良好である。至らざる所は多々あるも、その努力は大いに可とする所ありと認める。よって今後はなお一層の奮励努力を期待するものである」。結局、褒められて期待された気分になって、「さらに頑張ろう！」ということになる。

二宮尊徳は、天の道には常に二面性があるという。大儲けする人がいれば、どこかで必ず大損している人がいる。当りくじが当って喜ぶ人がいれば、はずれて落胆する者がいる。落胆する人がいるからこそ、当って喜ぶ人がいるのだ。

明暗、存亡、苦楽、得失。

できるだけ明るい明るい方へ目を向けて、人をも自分をも明るく勇気づく言葉を見出していきたいものだ。

他人との約束を破ることよりも、自分自身との約束を破ることくらい大きな罪悪はない。

「ま、そのうち食事でもしよう」と言って別れる。真意は全くそんな気持ちがない。これはよくいう外交辞令である。はっきり言えば、その場を取り繕うための口先だけのお世辞である。

うまくいけば人間関係を傷つけないスマートな潤滑油となるが、相手が本気で受けていたなら欺すことになる。

つい約束してしまって後で後悔することは誰にでもある。

しかし小銭でも貸した金はいつまでも覚えており、借りた方はすっかり忘れているものだ。

同じように些細な事ほど約束した方は忘れても、約束された方はよく覚えているもの。こんなことが重なると、拭い難い不信感が募ることになる。

ところが自分自身との約束となると、破っても平気でいられる。

しかし、これが重なると、拭い難い劣等感が生じてくる。自分を欺くことは、自分の思考や言葉や行動が、心と一致しないこととなる。

信念なき人生は、羅針盤なき人生となることを知るべきである。

自分を大切にしよう。

言葉は、心の姿を現す。

ある日、高級官僚と一緒にホテルで食事をした。食事もようやく終わりかけたとき、遠く離れたホステスに、大きな声で呼びかけた。

「おいッ、ねえちゃん。早く水もってこんかッ」、そしてふんぞり返っていた。まさに時代劇に出る威丈高な悪代官の姿そのものだった。これが頂点を極めた高級官僚である。日頃、もっていた親しみと尊敬の念がいっぺんに消え失せた。

日頃、気にかかることがあると、夢に現われたりする。しかもそれが深刻なほど寝言となって口に出してしまうことがある。

またあるとき相手から突然思いがけない言葉を浴びせられて呆然とする。ところが後で「つい心にもない事を申しまして…」と言って謝ったりする。心にあるからつい出てしまうのではなかろうか。

ほんとうに心にもない事を言えば、必ず相手の心には「慇懃無礼」となるものだ。表面はていねいにみえても、実は傲慢、横柄といった態度である。口先きだけのお世辞や挨拶では、人の心を動かすことはない。

心の働きが思考となる。そして思考の表現が言葉である。しかし人は思考するとき、自分の知っている言葉で思考する。だから言葉が心の表現となる。「初めに言葉ありき」だ。心に力があるように、言葉にも霊妙な力がある。わが国ではコトバのもつ霊妙な力を信じてそれを「言霊」と呼び、大切にしている。だから人によって言葉が生まれ、言葉によって心が生きる。

人はだれでも、自分の言葉に責任をもたなければならない。心の姿は見えなくても、その人の言葉によって、その人の心は白日の下にさらされるのだ。

人間は感情の動物ではなく、感情を自由に統御することの出来る生き物なのだ。

我慢に我慢を重ねて、こらえにこらえて、それでもやっぱり我慢してもうこれ以上我慢ならないといってパッと立ち上がる…。

芝居なら「待ってました」と盛んな拍手になるところ。

しかし、立ち上がってうまく相手をやっつけられれば、思いっきり溜飲が下がるが、反対に玉砕すれば悲劇となる。

好きとか嫌いとか、感じたまま喜怒哀楽をそのままに行動するのは、犬や猫でも出来る。

それでも犬は「待て」と命じられれば、欲しい食べ物でも我慢して待つが、猫は、素早く口にくわえてサッと逃げてしまう。

統御するといっても、コントロールは型にはめることであり、マネジメントはある目的のためにやりくり算段をして成就することをいう。

ところで人間は夢を持つことができる。

そこに志を立て、自分の意思で感情をマネージメントして玉砕ではなく、遠回りしたり、行ったり来たりしながら、何が何でも目的を達成するという才覚を持っているのだ。

自分が正しいと思っても、「ごめんね」って謝る勇気を試してごらん。またひとつ、新しい天地が開ける。

職場に嫌な先輩がいた。臆病でロクに仕事も出来ないのに、なぜか威張っていた。
ある日、この先輩が親友社員に意地悪い仕草をした。
「やめろよ！」、ついにたまりかねて私は怒鳴ってしまった。
このため先輩の彼と私は対等の口論となった。職場の皆は私を応援した。私は正義の人なのだ。調子に乗って思いっきりやり込めてやった。

その直後、たまたまこの事を目撃した常務に呼ばれた。私は正義の味方をしたのだ。颯爽とドアを開けた。

「君、彼に謝りなさい」

「――？」。

不服そうな私を見て彼は言った。「あのままにしたら彼はどうなると思う。いいから謝ってごらん。謝る勇気ってこともあるんだよ」。

その直後、トイレに行った。隣で彼が用を足していた。

「さっきはごめんなさい」

彼はびっくりして私を見つめた。その瞬間、用を途中で止め、前をしめながら「ボ、ボクが悪かったんだ」。

彼はなぜかホッとして嬉しそうに出ていった。

私もなにか新しい発見をしたような、余裕の気分で嬉しい気持になった。

運命よりも心の力が勝れば、運命は心の支配下になる。

昔、私が中学受験のとき、大事をとって、心配はないといわれた第一志望校を一ランク落として、第二志望校を受験することにした。

しかし母はそれでも失敗したときのことを心配して、さらに一ランク下げた中学校に受験することになった。

母には、姉の入試失敗のときの落胆がまだ生々しく残っていたのかもしれない。二段階も落とした中学入試は絶対大丈夫だという風評が立った。

試験の時風邪をひいた。合格発表の日、母を校門に待たせてひとりで見に行った。私の番号も名前も無かった。

口惜しさよりも、母にすまない気持ちで一杯だった。

運が悪かったとみんなが言ってくれた。そして思ってもいなかった私学に入学した。私は生来の恥ずかしがり屋で、ええかっこしいだったので惨めな姿を誰にも見せたくなかった。

襲いかかる劣等感を払い除け、絶対に負けたくないと自分なりに歯を喰いしばった。入学した私学は軍国主義の時代なのに、キリスト教の学校だった。軟弱な学生だと見られた。家に帰っても遊び相手はなかった。

勉強するより他なかった。入試で失敗した時の母を思い出してコツコツと勉強した。聖書の時間は一番嫌いだった。牧師に反抗するために、かえって聖書を読んだ。ひとりぼっちだった。不良の仲間に入った。初めて連帯を感じて安定した気持を味わった。当時は、不良といっても、隠れて煙草を吸ったり、病気の仲間を見舞うために、いちご畑へみんなで盗みに行ったという程度のものだった。

大学受験は二度も失敗した。二度目の合格発表の帰りに、運悪く片想いだった憧れの女性と道でばったり会った。慌てて隠れた。それっきり会うことはなかった。

就職試験も一番狙った所が落ちた。ふてくされて止むを得ず総合商社に入った。当時は景気が悪くどん底の会社だった。

またしても襲いかかる劣等感を払いのけながら、私は私自身のプライドのために、私自身を守ろうと一生懸命に、私の形のあり方を探った。

やがて会社は時代の波に乗って、泣く子も黙る総合商社として脚光を浴びるようになったが、私は心筋梗塞となり会社を休んで静養することとなった。

上司の部長には可愛がられた。部長はいつも私を連れて歩いたので〝部長の腰巾着〟とまで言われた。

それがもとでアンチ部長グループから集中攻撃で嫌がらせに遭った。

その都度、私は自分の心に言ってきかせた言葉があった。それはかつて中学時代に習った史記の言葉だった。
「燕雀《えんじゃく》安《いずく》んぞ鴻鵠《こうこく》の志《こころざし》を知らんや」（小人共には大人物の心の中は知る由もない、今に見ていろ！）

仕事が一番乗り切っている時、追突事故に遭いムチ打ち症となり一年間も休職した。それがもとで大学にもどり教職の道に入った。

あるとき易者が私の運勢を見て言った。「若い時は大変苦労をしましたね」

私はびっくりした。もし事実だとしても私には苦労という自覚も思い出もなかった。その時その時、自分を守るために無我夢中でチャレンジをし、むしろそういう努力を楽しんできた。

振り返ると、その当時の挫折や不都合や回り道や不運だと人に言われたひとつひとつが、その後の自分の人生にとって、どれひとつをとっても、なくてはならぬ貴重な素材となって活きていることに気づき、むしろ喜びと感謝と共に巡り合う仕組みの必然を感じている。

かつてあれほど嫌ったキリスト教の中学、高校の母校から「ホームカミングデー」

の案内を受けた。五五年振りに母校を訪れた。

現在の心の荒廃したこの時代に、母校の姿はさらに美しく磨かれ、若い後輩たちの勉学にいそしみ青春を謳歌する姿に、思わず涙が出た。母校が心より誇りに思えた。

こうしてみると、たとえ意にそぐわないことがあっても、また運命に非なるものがあっても、それを克服する体験を通してこそ、それがなかったことよりも、それがあったことによって、より深くより広くより大きく、私にしか与えられない程の得難い報償となることをつくづくと実感するのである。

9章

時が来れば必ず道は開かれる

銀行頭取の職を辞し、いくつかの社長業も人に譲って、裸一貫、天風先生は妻の作った手弁当をもって、辻説法をした。午前中は上野公園、午後は芝公園。照る日曇る日、道行く人に人生を説いた。死線をくぐり抜け生き抜く自分の体験をもとに。人は彼を哲学者でなく哲人と呼んだ。心身統一の人生道は日本の国の指導者を始め、多くの人々の共感をさそった。

反省は素晴らしい心の浄化薬。自分を心から反省できる人は、体験のすべてを人生向上の原動力とすることが出来る。

昭和二二年秋。日本が初めて経験する敗戦のショックから抜け切れず、不安と希望の入り交じった、雑然とした世の中だった。

ちょうどそのとき、哲人中村天風師の講演会が、神戸のモダン寺で行われた。

当時、中学生の私は天風会神戸支部長のお伴をして、会場の準備を手伝ったが、来場者はたったの三、四人だった。

半年後、再び同じ場所で講演会が開かれた。同じ失敗を繰り返さないために、支部長は散々考えた。

そして客寄せのための余興に、大阪から楽団と女性歌手を招くことにした。

私はさらに張り切って会場のお手伝いをした。準備万端整った。

天風先生はすでに舞台裏の控え室に待機していた。

舞台の上では、楽団員たちが位置につき、いつでも演奏できる状態になった。

会場には一人の来場者が坐っていた。

私は会場の正面玄関に出た。そこには天風先生の講演の案内と楽団及び歌手の名前の書かれた大きな看板が立っていた。道路を見た。

人影は全くなかった。時間は迫っている。突然のようにポツリポツリと人が来た。

演奏が始まった。会場には五、六人の人がいたが空席が多く、寒々としていた。

私は後の会場の隅っこに坐った。やるせない気持ちだった。それでも初めて聞く生の音楽にだんだんと心を奪われていった。

本もののソプラノ歌手の声は、会場全体に響いてものすごかった。「この道はいつか来た道」、「帰れソレントへ」、「松島音頭」、次々と歌が続いた。会場はようやく十人は超えた。しかし空席が多すぎる。

前座の演奏が終わったとき、支部長と一緒に天風先生の部屋へ行った。支部長は、深々と頭を下げて天風先生に謝った。

天風先生の声が聞こえた。

「いや、そうじゃないんだ。俺は反省するよ」。

謝ったのは天風先生の方だった。その目は、支部長の労をねぎらう優しさに満ちていたが、自らを反省するといった天風先生の眼光には厳しさがあった。

それから、二、三年後、大阪の市公会堂の大講堂で天風先生の講演会があった。時間ぎりぎりに会場に行ったが、超満員でドアを締めることも出来ない盛会だった。私の耳には今も残っている。「俺は反省するよ」。そのたびに私も私自身を思わずかえりみることになる。

反省と後悔は違う。後悔は、過去に自分がしたことを、後になってそんなことはすべきでなかったとクヨクヨ思い悩み続けること。

出口のない堂々巡りとなる。

反省は、自分の行ないをふりかえり、分析し、評価し、ありたいと思う自分の姿に軌道修正すること。

自己発見となり、自分の生きざまの機会開発となる。

「教養とは、反省である」。かつて日本の青年たちの知の青春を沸かした評論家小林秀雄の言葉である。

今までの失敗は、今日以降の取り返しでもって、すべて償える。自信を持ちなさい。

「失敗は成功のもと」というが、現実には「成功は失敗のもと」ともいえる。熱海の八百屋からスタートした「八百半」は、後に海外に進出して国際的評価も高く大成功をした。特に中国の上海進出は、開店当日のニュースが全世界に報道された。しかし、その後間もなく八百半は倒産し姿を消した。八百半経営者の和田一夫氏は、当時を述懐してこう言った。「大成功こそ、最も危険な時だった。今から思えば、あの時、会社を飛躍させることばかり考えてお客のことはすっかり忘れていました。つくづく成功は失敗のもとです」と。

「勝敗は兵家の常」というように、成功と失敗は人生の常ということができる。それはまた「禍福は糾《あざな》える縄の如し」で、失敗は、失敗に学ぶことによってそれが勲章となり、次の成功の保証となり得るのだ。

二歩後退しても、三歩前進すればいいではないか。失敗したことに釘づけになるのでなく、失敗した中から学ばせてもらったものは何か、それをどう活かすか。それがわかったら、過ぎた事は忘れよう。

サッカー競技のように、後半四五分を過ぎたわずかなロスタイムの間に、逆転優勝ということもあった。

強く学び、強く願い、自信をもってのぞめば、奇跡は起るのだ。

生きることの努力のみに追われて、生活の中の情味を失うと、人生はどんな場合にも真の生きがいを感じることはない。

少年時代、敗けるはずがないと信じたわが国が戦いに敗れた。進駐軍が来て占領政策が始まった。私は商社に就職した。みんな仕事を見つけて世界を相手に夢中に働いた。外国に行っても敗戦国のレッテルは消えなかった。外国駐在員は、ホテルでなく、ハンモックに寝て、奥深くまで売りに行った。しかし胸は熱く燃えていた。日本の復興は俺たちがやるんだとの気概があった。

一日八時間労働といわれたが、仕事が終って皆が家に帰る頃、ニューヨークは夜明けだ。世界を相手にする商社マンにとって二四時間が仕事場なのだ。寝食を忘れて奔走した。外貨を稼ぐために一所懸命に輸出をした。日本のためになることが会社のためとなり、自分のためとなった。その頃、ストレスも過労死という言葉もなかった。いつもやる事が一杯あって楽しかった。

仕事が一段落すると、寸暇を惜しんで遊んだ。クラブに行った。美しいホステスが一杯いた。秋には美術館に行った。貪るように芝居を観た。歌声喫茶で思いっきり歌った。忙しいはずなのに、この頃、文学全集を読み漁った。

でっかい夢をもって、大きな欲望に食いついて邁進しているとき、人は自分の思っている以上の力が出るものだ。しかもこのときが一番、人間らしい思いやりや暖か味があったような気がする。

人生に活きるとき、気取ったりぶったりしなければ、どれだけ心に余裕ができるかわからない。

「気取る」とは、広辞苑によれば、それらしい様子をまねて振る舞ってみたり、体裁を飾ったり、いかにも自分が立派なようにもったいぶることをいう。

また「ぶる」とは、それらしい様子をよそおったり、誇示したり、虚勢を張ることをいう。

いずれにしても、自分の柄でもないのに、他人を意識して自分をよく見せようと格好つけることだ。

他人を意識する限り、自分の心の視点はいつも、自分にあるのではなく他人の側にある。

ところが他人は自分ではない。自分ではない他人が何を考えどう動くかはわからない。

だからいつもいつも他人の言動が気になってしまう。

また他人の心はのぞけない。だからいつもいつも他人の心の中を推測することになる。推測はどんどん拡がっていくものだ。

推測と柄にもない自分づくりとが追いかけっこする。その時その時、ひとときの満足は実は虚しい自己満足だ。

行けども行けども心が充たされることはない。それでも気になることばかり。

そのたびに自分の神経は、自分でないもののために、あるいは幻の自分を追いかけていつも張りつめていくことになる。

それは気がつくとか気配りとは別のものだ。すべては自分にとってマイナスと感じ、それを補うために知らなくてもいいものまで知ろうとして焦りとなる。

遂には神経過敏となる。神経過敏になれば、ちょっとした事が自分の負い目と映り、不利な事ばかりが拡大されて大問題となり、心の負担はますます大きい。

やがて深い穴蔵に落ち込んで、何も見えず何も聞こえず、独りぼっちを寒々と全身に受けて、必要以上に自己防衛となる。

心がグルグルと回って、手も足も出ないと感じたとき、病気となる。

すべては、必要以上に自分を装おうとして、自分の心を忙しくしてしまうことからくる。

忙しいという字は、りっしんべん（忄）、すなわち心と亡から成る。亡は失うという意味だから、忙しいということは、心を失うということになる。心を失えば、かけがえのない自分をも失ってしまう。

自分と同じ顔をした人は、この世界に全くいないように、自分と同じ人生を持つ人は全くいない。

自分はあくまで自分であって、自分がこの人生を自覚している自分の人生は、どうあっても自分にとって一回限りの人生だ。自分は自分以外ではあり得ない。

それならば、自分の心は、不安定な他人の中でなく、自分自身の中に、しっかりと自分の心の錨を下しておくことだ。

どんな形、境遇であろうと自分は自分なんだ。どっしりと開き直れ。

よそごとに自分の心を染めるのでなく、視点を自分に見据えたとき、自分の周り三六〇度がぐるりとよく見えてくる。

時が来れば必ず道は開かれる。「あんな事もあった」、「こんな事もあった」と懐かしく思う時がきっとある。

犬が籠に入れられて、運送屋のトラックの荷台に乗せられて発車した。飼い主は残って見送っている。びっくりした犬が、懸命に吠え立てた。お互いの距離が容赦なく離れて行く。やがて犬の声は悲痛な叫びとなって続いた。このまま永遠に別れてしまう――。

しかしこの一家は、隣の町に引っ越しただけ。半日後、飼い主と一緒になった犬は、前よりも新しく大きい犬小屋の中で、疲れたのかぐっすり眠っていた。

嫌だ嫌だと手足をバタつかせて、泣き叫び暴れ回るわが子を押さえつけて、医師に診せようとする母親。子供からみれば裏切り者の鬼でしかない。

しかし——熱が下がり目が覚めて「母さん、お腹すいた」と言うとき、そこには子供からみると、何事も無条件に許してくれる優しいお母さんの姿しかない。

小学生の頃、虚弱体質の私は、よく風邪をひいた。そして必ず喉が赤くはれて扁桃炎になった。あまり何度も繰り返すので、医師のすすめもあり、とうとう摘出手術をすることになった。病院での手術は猛烈に痛かった。

付き添った母は、手術の有様をみて、ショックを受けたようだった。その夜、母はすごくやさしかった。

翌日、ぐったりと病床に横たわっていたとき、母はどこで手に入れたか、カスタードプリンをもってきてくれた。当時は全く珍しいものだった。生まれて初めて味わった。冷たくて柔らかく、甘くてやさしい。

母はそれをいちいちスプーンにとっては、口の中に入れてくれた。なにか遠く、記憶をよみがえらせてくれるなつかしさと、幼き日の心の感触が、全身に拡がる思いがした。

なぜかその後、成長しても時々扁桃炎になった。しかしそのたびに、母の温もりがよみがえり、プリンにとびついてしまう。私が今もなお、健康や医学に人一倍深い関心をもち、強い関わりをもつのは、案外、このプリンの味につながる原風景にあるのかもしれない。

「吉凶はあざなえる縄の如し」。いろいろあるのが人生。

その人その人にとって、ふさわしい〝時〟というものが必ずあるのだ。

（註）「時来れば　必ず道は開かれる」（王麗華「桃源郷」49より）

世のため人のために役立ってこそ、人間はほんとうの幸福を手に入れることができる。

他人のことはいざ知らず、自分の好きなことを自分だけのために、出来ることを出来る範囲内で出来るだけやって出来たとき、人はそのとき満足感はあっても、果してしみじみとした幸せ感を味わうかどうか。

定年退職の挨拶状が来た。三七年も会社勤めをした。この後は悠々自適で趣味に明け暮れ人生を楽しむのだという。

三七年間、何程の事をしたというのか。色々な経験を積んでようやくフリーになった。還暦も迎えた。人生の再スタートに立った。

これからこそ、自分の裁量によって全身全霊で世のため人のために粉骨砕身努力できる時ではないのか。

いま平均寿命を八六歳としよう。そうなると人生の折返し点は四三歳だ。すると四三歳までは〝いかに生きるべきか〟が目標となり、折返し点を過ぎた四四歳からは、人間の使命の自覚と共に〝いかに死すべきか〟という死生観が人生の課題となる。

万物の霊長といわれる人間の尊厳は、「尊く清く強く正しく」生きることにあり、尊くとは、天風先生によれば、「人の喜びをわが喜びとする」生き方にあるという。

人は、健康で、適度のお金があって、良い人間関係に恵まれれば、一応は幸せと感じることもあろう。

しかし天風先生の言葉を使えば、本心、良心をもつ人間ならば、だれかの何かのお役に立ちたいという気持に駆られるはずだ。

そこにやりがいを実感したとき、本当の幸せ感を、ズシーンと心の底に感じることだろう。

10章

生きていることに感謝しよう

朝、顔を洗っているとき、突然血を吐いた。傍にいた者が騒いだ。「自分の兄がこれと同じようなことがあって、とうとう肺結核で死んだ」という。かつて中国大陸の馬賊たちから「人斬り天風」と恐れられたはずなのに、自分の体内に死を呼ぶ病巣がいることを知って、天風は初めて生命の重みを知った。

熱があろうと血を吐こうと、まず生きていることに感謝しよう。

「人間は、四つの愛によって生かされる。まず人は男と女のエロスの愛によってこの世に生まれ、親の愛を受けて育ち、友情という愛によって生きがいを共有し、神の愛によって救われる」

C・S・ルイスの著書『四つの愛』にある言葉だ。ここでいう神の愛は、キリストの説くゴッドの愛だが、仏教で言えば仏の慈悲であり、哲人中村天風師の言葉を借りれば、「宇宙エネルギーの根源主体」の働きに対する自覚ということになる。

まず、この世に人間として生まれたということは、数限りない偶然の積み重ねといわねばならない。少なくともそう見える。

しかし結果から考えると、どんな小さなこともすべて、原因があって結果があり、結果がまた原因となる。そのつながりの展開に、成るべくして成るひとつの仕組みが感じられる。そして偶然と見えたものは、実は必然の連鎖であって、良くも悪くも今日あるのはその〝おかげ〟だという厳粛なる事実を感じずにはいられない。

一人の人間が、人間としてこの世に生まれ出るために、自然が、いや神がこのために掛けたコストは誠に膨大であり、その微妙なる演出は誠に霊妙な叡智というより他はない。

生まれ出て一年間赤ん坊は、血縁関係のそれぞれの人の顔に似せてみて、それぞれの人に喜びを与えてくれる。やがて大人の世界の風に吹かれて、知らなくてもいいものばかりを教えられ、自然に備わった大切なものが、どんどん埋められていくのだろう。これを掘り起こすのが、自己開拓であり、それを磨きあげるのが自己練磨であり、真の教養というものだ。

まず気がついたら私がいる。そして父と母がいて私がいる。やがて自分が生命を持って生きていることを知る。

そのうち生命あるものが他にもあって、植物や動物の中では、自分は人間という特別な存在のひとりであることを知る。

そして同じ人間の中でも、自分という人間は、自分しかいないということを実感する。そのようなかけがえのない自分であり、その自分がいま生きていて、生きている限り自分を自覚している自分が、いままさにここにいるのだということが、しみじみわかってくる。

死ねばもはや「私が」と意識しない私の肉体が、動かなくなってそこに横たわったまま、物としてやがて朽ちて消えていくことだろう。少なくともいま私がこの肉体をもって生きている自分は、死と共に消えてなくなる。

この肉体が生命を宿して生命活動をしているから、この私がある。私が、私として意識する私の人生は、どうみても一回限りのものである。文字通り「命あっての物《もの》種《だね》」だ。

中国最古の経典のひとつである書経の中に人間を「萬物の霊長」と呼び、天地間のすべてのものの中で、最もすぐれた霊妙、不可思議な存在であるという。

たしかに人間は、人間としてよりすぐれた人間に成長しようと努力する反面、人間以下どころか鳥や獣にも劣ることを平気で行なったりする。

まさに心ひとつの置き所で天使にも悪魔にもなれる。

それを自覚するが故に、せっかく、命を授かって人間として生まれた以上は、鳥や獣といった動物並みでなく、萬物の霊長である人間らしく自分を活かしていきたいものだ。

生かされて生きていくこのかけがえのない自分を、大切にしなくてどうするのか。自分が人間だからこそ、人間の尊厳が認められる生き方を、自分に対して求めたくなるのは至極自然ではないか。素直に考えてみよう。

私たち人類というのは、大自然が作った自然物の一つである。

平成八年一月七日午後四時過ぎ、突然異様な震動がしたとき、西の空から東の空へ何物かがスーッと飛んで行った。後の報道によれば、大火球が大爆発音を轟かせて、茨城県の筑波学園都市に隕石の雨が降ったということだ。回収後の重量は一キログラム近いもので、「つくば隕石」と名づけられた。

さらにわかったことは、このつくば隕石は関東平野を流れる利根川を十字に切るように飛んで、守谷《もりや》市の上空を越えて、筑波学園都市に「私の着く場は此処だ」と言わんばかりに落下した。

「もりや」は、わが国では、神に捧げる供物を調える所を盛屋《もりや》または盛殿《もりどの》という。「モリヤ」はまた、旧約聖書の創世記にあるように、アブラハムが年をとってようやく授けられた息子イサクを、神の命に応じていけにえとして捧げようとした丘の名がモリヤである。後にそこにはユダヤ教の神殿が建てられたがいまは無く、現代ではイスラム教の第三の聖地となっている。

また「いばらぎ」といえば、十字架をかついだキリストの茨の冠を思い出す。

このつくば隕石は、日本に落下が確認された四五番目の隕石だということだ。さらに後の報道によれば、つくば隕石は、今からおよそ四五億年前、私たちの地球と同じ時期に誕生したものという。私たちのこの地球の兄弟が、四五億年を経て、遂に寿命がつきたころ、日出ずる国の日本の大地に、「ぼくの着く場」だといって、落ちてきた。いまこの隕石は、私たち地球に抱かれ眠っている。

宇宙からの訪問者隕石は、私たち地球人にとってはいつの時代も、限りないロマンを感じさせてくれる。この隕石という物体を、細かく分析していくと、さいごには原子の集まりとなる。原子はさらに電子と中性子と陽子の三つからなっている。

そこで私たちの肉体の細胞をとって細かく分析していくと、やがて最後は、原子となり、電子と中性子と陽子に到達する。つまり宇宙物質である隕石と、私たち人間は同じ物質で出来ていることになる。

また、四五億年前に、私たちのいるこの太陽系の中で、地球が生まれたとき、活発な大火球であったはずだ。燃えさかる地球自身のもつ様々な化学元素から水が発生し、陸と海に分かれた。

その海に、雨あられのように隕石が落下した。隕石が運んできた化学元素と、海の化学元素が溶け合った水が、太陽熱によって何度も蒸発を繰り返して、海が化学元素やガスを含む濃いスープ状になったとき、空中放電による雷光が、天地を轟かせて、海に直撃する。

マグマ、水、隕石、水蒸気、雨、雷光と繰り返し、海と大気と太陽の光を熱に育まれて、およそ一〇億年経ったころ、静かになった地球の原子の海に、あるとき、ピリリピリリと動くものがあった。恐らく寒天状の半透明な小さな物質。生命の誕生である。今からおよそ三六億年前である。

初めは単細胞生物で、長い長い間に、同じく海と大気と太陽の光と熱に育まれて、ようやく六億年前に多細胞生物が出現した。三葉虫、魚類、それから二億年経って、海から陸へ両生類、は虫類、陸には植物があり鳥たちが空を舞い始めた。

やがてほ乳類。初期の頃は、は虫類にいじめられて散々苦労したらしい。そして霊長類、人類ときて、ようやくホモ・サピエンスとしてヒトの歴史が始まる。一万年前のことである。

生命は、それを育む環境、つまり愛と光とエネルギーによって、三六億年の間、さまざまな危機を乗り越えてきた。こうして生きて生きて生き抜いてきたその果てに、生命の時間の最前線に、この「私」の生命がある。

「人間は万物の霊長」という。本来人間は、動物ではあるが、他の動物ではなく、人間なのである。

人間を他の動物と区別しているものこそ、哲人中村天風先生のいう本心、良心というものである。人間は、本心、良心によって、自分自身に対する人間としての存続の義務を問う生きものなのである。自分とは何か、人間とは何か、心とは何か、宇宙とは何か、神とは何か、そしていかに生きるべきか……。

心は肉体の主人であり、そして心と肉体は生命の道具である。ひとりひとりの人間として、生命を通して人間として生かしめている幽玄霊妙な中枢の主体を、天風先生は「真我の固有性能」といい、霊性心とよんでいる。

その霊性心の発露が、本心、良心の働きである。心なら、犬や猫にもある。前頭葉をもつ四ツ足の動物はみんな心をもっているのかもしれない。しかし同じ自然物であっても、人間は霊性心を持っている。否、備わっているということが他の自然物との間に根本的な違いがあるのだ。そこに人間の人間としての尊厳がある。

生命が愛と光とエネルギーによって守られ育てられてきたように、人間は霊性心を喚発することにより、人の喜びをわが喜びとする愛があり、光がみのり、力となることができる。

人間は万物の霊長ではあっても、万物のならず者になってはいけない。

神や仏というものは、宇宙真理の代名詞なんだから、これは崇め尊ぶべきものなのだ。

歴史をみると、世の中には、変わるものと変わらないものとがある。また時代の流れの中で、変えなくてはならないものと変えてはならないものとがある。この現象をよくつきつめていくと、世の中に生きていく人生の周辺には、目に見えるものと目に見えないものがあって、目に見えない大きな何ものかが、じんわりと、我々に大きな影響を与えている。

電波のように、目に見えないから存在しないとはいえない。生命エネルギーそのものは、地球の原始の海から、様々な宇宙の仕組みの働きを受けて生まれた。そのため、生命エネルギーの故郷は地球であるといえる。

しかし地球は太陽系によって生まれ、太陽系はそれを包んでいる銀河系によって生まれ育てられた。そしてわれわれの銀河系は一五〇億年前のビッグバンとよばれる宇宙大爆発によってその五〇億年後に生まれたものである。結局わが生命のルーツを辿っていけば、その始まりは、宇宙大爆発に由来するといえるのだ。

従ってわが生命エネルギーは、宇宙大爆発のエネルギーとつながっている。

ところでこの宇宙大爆発を起こすには、その元になるエネルギーがあるはずだ。さらにその元の元のエネルギーがなくてはならない。さらにさらに、その元の元の元のエネルギーが存在していたはずだ。さらに……。もう限りがない。しかしその元の元の元のと辿っていくと、どこかに究極があるはずだ。

その究極の存在を、天風先生は「宇宙エネルギーの根源主体」と呼んでいる。

すなわち、今、この心臓に脈打つ生命エネルギーは、その究極の宇宙エネルギーの根源主体につながっているのだということだ。それはまた、今もなお拡大し続けているというビッグバンのエネルギーともつながっている。

したがって天風先生は言う。

「わが生命は断然強いのだ」と。

この宇宙エネルギーの根源主体を、名づけようがないので、人は「カミ」と言った。

そしてこのカミのエネルギー（真理）を、現《うつ》し身として完全に身につけた人を「ホトケ」と呼んだ。

そしてわれわれ人間は、宇宙の産物であるが故に、〝カミの子〟であるといえる。

「神人冥合」は、われわれの本来の姿である。しかし現世はあまりにも汚れて、われわれは〝我欲〟に毒されることが多い。そのために私たちは、毎日、否、せめて神社に参拝したときは、身を清めて神殿の前に立ち、奥に祀られている鏡に自分の姿を写し出す。そして柏手を打ち、そこに我欲のない自分の姿を求めて礼拝することになるのだ。「カガミ」から「ガ（我）」を取り払うと、「カミ」になる。

江戸後期の神道家黒住栄忠は、「立向かふ人の心は鏡なり　おのが姿を映してや見ん」と歌った。

超感覚的な、量り知れない深遠霊妙な働きを、叡智とよぶならば、宇宙エネルギーの根源主体のもつその叡智の働きこそ、絶対の真理であって、これを宇宙真理という。従って私たち生きとし生けるものすべては、この宇宙真理に基づいて生かされているといわねばならない。

宇宙真理の示す道、それは真と善と美であり、宇宙真理に従って生きる道、それは誠と愛と調和であり、それをカミの示す道として清く明るく正しく素直に生きる道を神の道、神道といっている。

神道は、神の教えではなく神の示す道である。それ故に本来は経典を持たない。自然を大切に宇宙真理に従って生きていけばよいのである。

従って神仏は、我欲のための現世利益を、願い望み頼む相手ではない。神仏は、その偉大にして霊妙な叡智の働きを畏敬し、祈り、感謝するものである。そして人間は、万物の霊長としての自覚をもって、生かされているこの命を、活かし活き抜いて、私たちの地球の生きとし生けるものの、〝進化と向上〟に貢献するという使命を全うすることである。

日本は、春夏秋冬、四季折々の微妙に移ろいゆく自然の中で、宇宙エネルギーの恩恵を当然のことのように享受している。だからこそ「何事のおわしますかは知らねども　かたじけなさに涙こぼるる」のである。

そういう国を私たちの祖先は、カミの国と感じ、〝まほろば〟とよんだ。

石川啄木は「目になれし山にはあれど秋来れば　神や住まむと　かしこみて見よ」と歌った。

日本にとっての「カミ」は、欧米の「ゴッド」とは異なるものなのである。

弘法大師は、十住心論の中で、「わが国には神道もあり、また仏教にも色々な宗派はあれど、すべては万教帰一なり」と述べている。つまり古歌にあるように「かけ登る麓の道は違えれど　同じ高嶺の月を見るかな」である。

私たちはカミを仰ぎ、カミを畏れ、カミと共にあり、カミを身近に感得することで、カミは冥合して、私たちの心の中にいるのである。

あとがき

清水榮一

思考は人生を作る。そして人は自分の知っている言葉で思考する。だからこそ言葉は人生を創るのだ。言葉を声に出して発するとき、コトバは光透波となり、その響きを持つ波動は、相手にも自分にも、深い影響を与えずにはおかない。よい言葉は、人生に恵みと幸せを与え、悪い言葉は、人生に毒の刃を突きつける。

本書は、正確には「中村天風の言葉集」ではなく、「中村天風に学ぶ私の言葉集」とでもいうべきものである。

少年の頃、恩師中村天風先生と出会い、そのとき理屈抜きに体の細胞のすみずみにまで滲み込んだ師の教えは、その後の私の心身の成長と共に、私の中でさらに拡大し、浸透し、成長してきたようだ。天風先生とのご縁につながれたその後のすべての出会い――人や書物から、私は多くのことを学ばせていただいた。まさに「吾以外皆師也」である。

このため、本書では天風先生に学び、それを実践し、毎日、天風先生を傍らに感じ、時には問いかけ、時には叱られながら、私自身に言い聞かせている言葉の数々を取り上げた。だから本書にある言葉やエピソードは、私が耳にして、私の体に滲み込んだ私の記憶にある言葉を、そのまま記したものである。

また現在、国の内外を問わず、広く人類の愛と平和のために奔走されている大僧正池口恵観師や王麗華先生のお言葉も引用させて頂いた。私には尊い血となり肉となっている。天風先生共々、師としてこのような感動を共有できる人々との出会いに、深く感謝する次第である。

そして私は今も、これらの言葉に励まされ、見守られ、反省のよすがとしている。

天風哲学を深く学ぶには、天風先生ご自身の執筆による著作をお勧めする。

また、財団法人天風会本部は東京護国寺境内の天風会館にあり、現在も活躍中である。ますますのご発展を祈るものである。

「財団法人　天風会事務局」
〒112-0012東京都文京区大塚五-四〇-八
ＦＡＸ〇三-三九四三-一六〇四

清水榮一（しみず・えいいち）
神戸市出身。関西学院高等部、慶応義塾大学経済学部卒業後、1968年、産能大学経営管理研究所入職。その後、産能大学総合研究所主任研究員および同短期大学教授、並びに財団法人天風会専務理事を経て、山王総合経営研究所所長、聖琳会山王塾、心哲学会代表。主な著書に『営業管理』『考える販売技術』『行動する販売技術』（ダイヤモンド社）、『帝王学』『人望学』（共著、プレジデント社）『中村天風　もっと強くなれ、必ずそうなれる』（三笠書房）、『一回限りの人生』『心の力』『生きがいある人生』『中村天風　積極の心』『幸運をよぶ力』（PHP研究所）、『日本の覚醒——これでよいのか日本人』（「日本及日本人」誌）などがある。2010年6月10日没。

新装版 中村天風 運命を拓く65の言葉

著　者　　清水榮一
発行者　　真船美保子
発行所　　KK ロングセラーズ
東京都新宿区高田馬場 4-4-18　〒 169-0075
電話（03）5937 - 6803（代）
http://www.kklong.co.jp
印刷・製本　中央精版印刷㈱

落丁・乱丁はお取り替えいたします。※定価と発行日はカバーに表示してあります。
ISBN978-4-8454-5188-3　C0234　Printed In Japan 2024
本書は 2016 年 4 月に出版した新書判を改題改訂して新たに出版したものです。